# JUGANDO Y APRENDIENDO.

AUTOR: ENRIQUE CASTILLO ALBA.

Año 2010.

ISBN: 978-84-9916-894-4
DL: M-33176-2010
Impreso en España / Printed in Spain
Impreso por Bubok Publishing

# ÍNDICE

PRÓLOGO......................................................      1-2

PRIMERA PARTE……………………………..      3-4

PROPUESTA DE EJERCICIOS………………………      5-6

CAPITULO I..................................................      7-8

EJERCICIOS TÉCNICOS Y GEOMÉTRICOS…………….      9-18

CAPITULO II………………………………………..      19-20

EJERCICIOS DE INGENIO, TRUCOS Y JEROGLÍFICOS.      21-40

CAPITULO III……………………………………      41-42

EJERCICIOS MATEMÁTICOS…………………………      43-56

SEGUNDA PARTE. SOLUCIONES……………………….      57-58

TÉCNICOS Y GEOMÉTRICOS………………………….      59-72

INGENIO, TRUCOS Y JEROGLÍFICOS………………….      73-90

MATEMÁTICOS…………………………………….      91-106

BIBLIOGRAFÍA……………………………………...      107

# PRÓLOGO

Éste libro tiene como objetivo principal que el lector aprenda mientras juega. El contenido es variado, con una numerosa colección de pasatiempos, ingenios, trucos técnicos-prácticos, rompecabezas y acertijos poniendo en práctica reglas aritméticas y ciertas nociones de geometría y técnica.

El libro está dividida en dos partes: La primera contiene tres capítulos donde se plantean los ejercicios y, una segunda parte que contienen la solución correspondiente. Antes de recurrir a la solución se aconseja al lector que piense en cómo resolverlos y una vez agotadas las posibilidades de averiguarlos se haga la correspondiente consulta, de esta manera conseguiremos que la práctica sea más divertida.

Para resolver los ejercicios planteados hay que utilizar el ingenio la lógica y el sentido común como únicas habilidades necesarias para su resolución.

Este libro que contiene una amplia muestra de ejercicios de ingenio, algunos de los cuales han sido adaptados de las referencias bibliográficas que señalo en la Bibliografía, los presento en forma de relatos breves que ocultan un enigma o un interrogante que el lector debe descubrir poniendo a prueba su ingenio.

Con los ejercicios planteados se provoca, un proceso de pensamiento creativo y motivan al individuo de una manera, que muy pocas veces lo consigue, un ejercicio de un libro de texto.

Al escribir este libro he pensado especialmente en los alumnos de la Educación Secundaria Obligatoria. Los que nos dedicamos a la docencia, nos encontramos con muchas dificultades para motivar a los alumnos y conseguir la atención necesaria para que nuestras explicaciones lleguen a ellos y puedan procesarla; a veces, hay que recurrir a medios poco usuales en la práctica docente para conseguir su atención e interés.

Hay profesores en la enseñanza, que no disponen del bagaje necesario para poder recurrir de una variedad suficiente de actividades de este tipo, y por tanto sus alumnos carecerán del estímulo necesario en una etapa crítica de su educación.

La relación de ejercicios propuestos en la primera parte: de ingenio, técnicos y matemáticas pueden ser un recurso para ayudar al profesor y al alumno en el proceso de enseñanza –aprendizaje.

# PRIMERA PARTE.

# LA PROPUESTA DE EJERCICIOS.

A continuación redacto la propuesta de  ejercicios que comprenden problemas técnicos, geométricos, de ingenio  y matemáticos,   para que el lector busque la solución a cada uno de ellos.

En esta primera parte, para resolver los ejercicios propuestos, hay que aplicar el ingenio y la lógica  como únicas armas.

El propósito de esta obra reside expresamente en destacar la parte del juego que tiene la solución de cualquier acertijo, no en averiguar los  altos conocimientos del lector.

Para darle soluciones a muchos de estos ejercicios basta con conocer sencillas reglas aritméticas, ciertas nociones de geometría y concentración en la búsqueda de los enigmas.

Se aconseja al lector que indague en  encontrar el resultado o resultados posibles a cada una de las preguntas planteadas  y,  sólo recurra  a la solución cuando agote todas las posibilidades de no  encontrarla.

# CAPITULO I

# EJERCICIOS TÉCNICOS Y GEOMÉTRICOS

El lector tiene en este apartado 40 ejercicios de situaciones técnicas problemáticas.

Los ejercicios vienen presentados en forma de relatos breves, y planteamiento de ecuaciones sencillas. En los ejercicios se plantea el enigma, el interrogante o una pregunta apremiante que pide respuesta.

El lenguaje utilizado viene dado con palabras habituales, suaves y fluidas.

Mi objetivo con esta serie de ejercicios es que el lector a través de sus habilidades pueda llegar a conseguir los resultados de todos ellos descubriendo el enigma.

En la mayoría de los casos los problemas se realizan con habilidades personales y con cálculos muy sencillos.

### 1.-ENGRANAJE FORMADO POR DOS RUEDAS DENTADAS.

Un piñón de 8 dientes está engranado con una rueda dentada de 24 dientes. Al dar vueltas la rueda grande, el piñón se mueve por la periferia.

¿Cuántas veces girará el piñón alrededor de su eje, mientras da una vuelta completa alrededor de la rueda dentada grande?

### 2.- LOS DOS RECIPIENTES.

Tenemos dos recipientes de cobre de igual forma y con las paredes de idéntico espesor. La capacidad de la primera es 8 veces mayor que la de la segunda. ¿Cuántas veces es más pesada la primera?

### 3.- EL CUADRADO.

Con un cuadrado de un metro de lado, dividido en cuadradillos de un milímetro, vamos a calcular mentalmente qué longitud se obtendrá si colocásemos todos los cuadradillos en línea, adosados unos a otros.

### 4.- LA SEMEJANZA DE FIGURAS GOMÉTRICAS.

El ejercicio consiste en saber que es la semejanza geométrica. Para ello planteamos dos preguntas.

1ª.- En la escuadra, como instrumento de dibujo, ¿son semejantes los triángulos exterior e interior?

2ª.- En un marco, ¿son semejantes los rectángulos exterior e interior?

### 5.- LA TORRE EIFFEL Y SU MODELO.

La altura de la torre Eiffel de París tiene 300 metros de altura y está construida enteramente de hierro; su peso total es de 8.000.000 kilogramos. Para hacer un modelo exacto de dicha torre, también de hierro, y que pese sólo un kilo. ¿ Qué altura tendrá? ¿Será mayor o menor que un metro?

### 6.- LOS TRES TIRADORES.

Tres tiradores expertos disparan simultáneamente a una esfera que gira rápidamente, y su disparo es certero.

¿Cuál es la probabilidad de que los tres puntos de impacto se encuentren en el mismo hemisferio?

### 7.- LAS RUEDAS DESGASTADAS.

Un automovilista rotaba sus cinco ruedas cada 5000 kilómetros. Al cabo de 10.000 kilómetros la rueda de recambio original se pinchó y fue reemplazada.

El hombre siguió rotando las ruedas cada 5.000 kilómetros, pero sin usar la rueda nueva como rueda de recambio hasta que las cinco se hubieran desgastado igualmente.

Cuando la rueda nueva se convirtió por primera vez en rueda de recambio, ¿qué kilometraje marcaba el contador?

## 8.- EL TAMAÑO DE LOS COMPONENTES ELECTRÓNICOS.

Sabemos que la electrónica está reduciendo tamaños continuamente y ampliando señales.

El ejercicio planteado consiste en calcular el tamaño de uno de esos componentes electrónicos que están revolucionando la tecnología electrónica.

¿Qué tamaño tienen 40.000 chips iguales que caben en un milímetro cuadrado?

1mm/200chips = 0,005 mm/chips. En metros sería: 0,005 x 0,001=0,000005 m.

## 9.- LA VELOCIDAD EN LA TIERRA.

Conocemos que la tierra tiene dos movimientos: el de rotación y el de traslación.

La pregunta es la siguiente:

¿A qué velocidad vamos los humanos todos los días sobre la tierra?

## 10.- EL HIDRÓGENO Y EL SOL.

Se invita con este ejercicio a que el lector calcule un tanto por ciento.
¿Cuál es el % de hidrógeno con respecto a la masa total del sol?

## 11.- LA VIDA DEL SOL

Cuando miramos al sol, a veces nos preguntamos, si estará siempre alumbrándonos como lo hace ahora. La pregunta es directa.

¿Hasta cuándo podrá mantener el sol la vida en nuestro planeta tierra?

## 12.- EL BLOQUE DE HORMIGÓN Y EL DE JUGUETE.

Un bloque de hormigón, de los usados en la construcción, pesa unos cinco kilogramos. ¿Cuánto pesará uno de juguete hecho del mismo material y cuyas dimensiones sean todas cinco veces menor?

## 13.- LA TEMPERATURA DE UNA NOCHE FRÍA.

El ejercicio consiste en averiguar la temperatura de una noche de invierno con la siguiente curiosidad. El número de grados Fahrenheit y el de grados Celsius terminaban ambos en 5 elevado a 1.

¿Qué valores son esos?

## 14.- EL REMOLQUE.

El eje delantero de una carreta se desgasta más y se calienta con mayor frecuencia que el trasero. ¿A qué será debido?

## 15.- CALCULAR LA ALTURA DE UN EDIFICIO.

Para realizar este ejercicio tenemos que disponer de una postal con la fotografía del edificio. La pregunta sería. ¿De qué forma ésta foto ayuda a averiguar la altura del edificio?

## 16.- EL TRIÁNGULO ISÓSCELES.

El ejercicio consiste en disponer 7 puntos, sin colocar tres en la misma línea, para que cada selección de tres puntos constituya los vértices de un triángulo isósceles. ¿Cómo se pueden situar?

## 17.- LAS TRES PATAS DE LA MESA.

Una mesa con tres patas nunca se balancea, incluso aunque las patas sean de longitud diferente.

¿Es cierto esto?

## 18.- LOS TRIÁNGULOS.

Uno de los lados de un triángulo es 10 cm. más largo que el otro, y el ángulo que forman es de 60°. Se dibujan dos círculos cuyos diámetros son esos dos lados. Uno de los puntos de intersección de los dos círculos es el vértice común.

¿A qué distancia del tercer lado se encuentra el otro punto de intersección?

## 19.- EL CÁLCULO DEL AGUA EN EL TONEL.

Dos hombres están mirando un tonel que contiene una cierta cantidad de agua en su interior.

Uno dice que está más de medio, y el otro, apuesta por que está menos de medio. Para averiguarlo hay varios métodos bastantes eficaces como pueden ser: introducir una vara y comprobar la altura del agua, o también con una cuerda, sosteniendo en su extremo inferior un peso.

¿Cuál puede ser otro modo de zanjar la cuestión sin utilizar más que el tonel?

## 20.- EL CRUCE DE TRENES.

Unos amigos emprenden un viaje en tren a la costa y van comentado:

Los trenes que vienen de la costa se cruzan con el nuestro cada 5 minutos. ¿Cuántos trenes llegan por hora a la ciudad?

Si se supone que las velocidades de ida y vuelta son iguales. Serán doce trenes, porque 60 dividido entre 5 nos da 12.

¿Es esto cierto?

## 21.- EL TENDIDO DE ALAMBRADO.

El ejercicio consiste en tender un alambrado, situando los postes con una separación de un metro. Dado que faltan cuatro postes, se piensa en separarlos a metro y medio.

¿Cuánto mide de largo el alambrado?

## 22.- RECORRIDO POR EL ECUADOR.

Si recorriéramos el ecuador de la tierra, el círculo de nuestra cabeza describiría una línea más larga que la de la planta de los pies. ¿Qué magnitud tendría la diferencia entre estas longitudes.

## 23.-LA TONELADA DE UN MILLÓN.

El ejercicio consiste en calcular mentalmente las toneladas que pesa un millón de objetos.

El peso de cada objeto es 90,4 gramos.

## 24.- LA PESADA DE TEJAS-

Un constructor tiene ocho tejas. Siete pesan lo mismo; la de ocho es ligeramente más pesada. El hombre tiene una balanza de platillos.

¿Cómo puede encontrar la teja diferente en sólo dos pesadas?

## 25.- EL CARRO Y EL TREN.

Un carro manual sale de Córdoba a Barcelona a una velocidad media de 20 km/h. Cuatro horas más tarde, un tren inicia el viaje desde Barcelona a Córdoba a una velocidad media de 50 km/h.

Si la distancia por ferrocarril entre las dos ciudades es de 600 km, ¿quién se hallará más cerca de Córdoba cuando se encuentren?

## 26.- LA DIGITAL ÚNICA

Cómo se puede encontrar X sabiendo que X elevado a tres y X elevado a cuatro, tienen ambas los diez dígitos de 0 a 9, sin que se repita ninguno.

## 27.-¡ATENCIÓN TÉCNICA EN LA LECTURA!

Hay tres errores en el enunciado de este ejercicio. El lector que es técnico en la lectura debe detectar los tres para resorverlo.

## 28.- LA ALTURA DE LA PLANTA.

Es difícil advertir el patrón de crecimiento de una planta herbácea. El primer día creció ½ el segundo día 1/3 y el tercer día ¼, y así sucesivamente.

¿Cuánto tarda en alcanzar su altura máxima (100 veces su altura original)?

## 29.- EL CABALLO Y LOS HOMBRES.

Dos hombres tienen un caballo y lo montan alternativamente en un recorrido; mientras uno camina el otro va subido en el caballo.

Si la velocidad de desplazamiento es de 4 km/h y cabalgan 12 km/h.

¿Qué tiempo descansa el caballo?

## 30.- LOS TRABAJADORES DE LA CONSTRUCCIÓN.

Un trabajador de la construcción tarda en levantar una pared 9 horas y otro tarda 10 horas. Trabajando los dos juntos, comprobaron que ponían 10 ladrillos menos por hora y tardaron en levantar la pared 5 horas.

¿Cuántos ladrillos tienen la pared?

## 31.- LA CRUZ.

Para el planteamiento del ejercicio consideramos una cruz simétrica con un ancho vertical y un ancho horizontal, equivalente al símbolo de la Cruz Roja.

Se pide al lector que dibuje en su interior 20 triángulos y que permanezca la simetría en el eje vertical y en el eje horizontal.

## 32.- LA TIERRA CONSEGUIDA EN UN DÍA.

Se propone en este ejercicio adjudicar a un hombre la tierra que es capaz de rodear en un día, caminando con paso normal.

¿Cómo se calcularía?

## 33.- LA VELOCIDAD DE LA SOMBRA.

Se le propone al lector si es capaz de calcular la velocidad máxima con la que se mueve una sombra, sabiendo que se propaga a velocidad constante, según la teoría de la relatividad de Einstein.

## 34.- LOS TABLEROS CUADRANGULARES.

Se dispone de tres tableros cuadrangulares. La superficie del primero contiene cinco pies cuadrados más que la segunda, y la segunda contiene cinco pies cuadrados más que la tercera.

¿Cuál es la medida exacta de los lados de los tableros?


## 35.- LOS SEIS ESPACIOS IGUALES.

Disponemos de trece cerillas para realizar seis espacios iguales. Las situamos de manera que realicemos un rectángulo con seis espacios interiores. Tres cerillas en la base inferior y tres en la base superior, colocadas horizontalmente una a continuación de otra. Las siete cerillas restantes las situamos verticalmente cerrando el rectángulo y consiguiendo los seis espacios planteados en este problema. Si eliminamos una cerilla.

¿Qué distribución se puede realizar para conseguir otros seis espacios iguales con las doce cerillas restantes?


## 36.- EL VUELO DEL AVIÓN.

Un avión voló una distancia de 1000 km en una hora y 20 minutos. Al volar de regreso, recorrió esa misma distancia y con la misma velocidad en 80 minutos.

¿Cómo se explica esto?


## 37.- LA CONVERSIÓN DE DIEZ A UNO.

El ejercicio consiste en convertir diez palillos higiénicos en uno.

Para ello situamos verticalmente 10 palillos higiénicos con una determinada separación, y mediante una operación sencilla de cambio de palillos, los diez se conviertan en uno.

¿Cómo crees que se puede realizar la conversión?

## 38.-TRES TRIÁNGULOS CON SEIS PALILLOS.

Se quieren construir tres triángulos iguales con seis palillos higiénicos de la misma dimensión.

¿Cómo crees que se pueden conseguir?

## 39.- LA MONEDA HÚMEDA Y SECA.

Para la realización de este ejercicio se necesita: una moneda, un plato llano, un vaso medio de agua, una cerilla, y un trocito de corcho.

El objetivo del ejercicio consiste en conseguir coger la moneda bañada de agua sobre el plato totalmente seca.

¿Cómo crees que se puede conseguir?

El procedimiento se realiza vertiendo el agua sobre el plato y situando el vaso invertido sobre el plato y dentro del vaso se coloca una cerilla clavada sobre el corcho.

## 40.- LA CUERDA DE COLGAR LA ROPA.

Un ama de casa ató una cuerda para colgar ropa en dos postes, desde el extremo más alto de uno a la base del otro.

Un poste se alzaba siete pies sobre el suelo y el otro exactamente cinco pie. Suponiendo que los postes están perfectamente verticales y las cuerdas totalmente tensas.

¿Cuál es la altura desde el suelo del punto en el que las dos cuerdas se cruzaban?

# CAPITULO II

# EJERCICIOS DE INGENIO, TRUCOS Y JEROGLÍFICOS.

Esta segunda parte consta de 60 ejercicios en la que podemos descubrir humor y gracia con mezcla de ciencia. Se incluyen resultados sorprendentes, claves, casos divertidos, trabalenguas, jeroglíficos y curiosidades en general.

El planteamiento y la resolución de los ejercicios vienen determinadas en la misma línea de las otras partes. Se plantea el ejercicio y se resuelve en la parte de resolución, aplicando el ingenio y la lógica. Siempre se advierte al lector la necesidad de trabajar el enigma durante un tiempo antes de irse a la solución.

Como reflexión de esta parte, he de comentar que el pensamiento mágico y el pensamiento lógico responden a una misma necesidad, que es la de comprender y dar sentido a cuanto nos rodea y a nosotros mismos y también de acertar a manejarlo, a hacerlo útil para nuestros fines y propósitos.

## 1.- EL NÚMERO CIEN.

¿Cómo se puede expresar el número cien de cuatro modos distintos, empleando cinco cifras iguales?

Con este ejercicio se comprueba el ingenio y la rapidez de compresión.

## 2.- LAS ARISTAS DE UN LÁPIZ.

Si tenemos un lápiz que no es de sección circular, seguramente estaremos con uno de seis aristas, que son muy cómodos para su acople entre los dedos. La pregunta es la siguiente:

¿Cuántas caras tiene un lápiz de seis aristas?

### 3.- EL GIGANTE Y EL ENANO.

¿Cuántas veces es más pesado un gigante de 2 metros de altura que un enano de un metro?

### 4.- LA PERSONA ADULTA, EL NIÑO Y EL FRIO.

Un día de frío invierno, una persona adulta y un niño están al aire libre. Su equipamiento ante el frío es idéntico.

¿Cuál de los dos tiene más frío?

### 5.- LA CADENA Y SUS ESLABONES.

A un herrero le trajeron cinco trozos de cadena, de tres eslabones cada uno, y le encargaron que los uniera formando una cadena continua.

Antes de empezar la obra, el herrero comenzó a meditar sobre el número de anillo que tendría necesidad de cortar y forjar de nuevo. Decidió que le haría falta abrir y cerrar cuatro anillos.

¿No es posible efectuar este trabajo abriendo y enlazando un número menor de anillos?

### 6.- LAS CESTAS DE HUEVOS DE GALLINAS Y DE PATO.

Un granjero tenía 6 cestas que contenían huevos. En unas cestas había huevos de gallinas; en las otras de pato.

Una cesta tenía 23 huevos, otra 12, otra 5, otra 29, otra 14 y otra 6.

Si se vende una de las cestas quedarán el doble de huevos de gallina que de pato.

¿A qué cesta nos referimos?

## 7.- EL MENSAJE.

Un padre le envió un mensaje a su hijo desde un lugar lejano y el hijo no consiguió descifrarlo, tuvo que recurrir a una tercera persona para interpretar el mensaje que decía:

O. C.      O. C.

20 x 1000      20 x 1000

x 1000 +

20 x 1000.

## 8.- EL REGALO DE LOS PADRES A LOS HIJOS.

Dos padres regalaron dinero a sus hijos. Uno de ellos dio a su hijo ciento cincuenta euros, el otro padre regaló al suyo cien euros. Con el dinero recibido ambos hijos aumentaron su capital solamente en ciento cincuenta euros.

¿Cómo se explica esto?

## 9.- LAS DOS FICHAS EN EL TABLERO DE LAS DAMAS.

En un tablero de juego de damas hay que colocar dos fichas, una blanca y otra negra. ¿De cuántos modos diferentes pueden disponerse dichas fichas?

## 10.- EL CANARIO Y EL COLORÍN.

El planteamiento del ejercicio se puede considerar como un trabalenguas, y es el siguiente:

Dice un canario a un colorín: "somos los que somos y tantos como los que somos y la mitad de los que somos y la mitad de la mitad de los que somos y contigo, colorín, somos cien."

¿Cuántos somos?

## 11.- EL NÚMERO EXACTO.

El ejercicio consiste en averiguar un número elegido arbitrariamente y someterlo a unas operaciones sencillas.

El proceso es el siguiente:

Se elige un número x , se le suma 7 y 10; el resultado se multiplica por 1000 menos 8 y se divide entre 992. Al resultado total se le resta 17.

¿Cuál es el número elegido?

## 12.- LAS EDADES DE LA PAREJA.

La edad de una pareja se obtiene invirtiendo los números de la propia pareja.

El marido es mayor que la esposa y la diferencia entre sus edades equivale a una undécima parte de la suma de ambas.

¿Cuál es la edad de cada uno?

## 13.- REUNIÓN DE FAMILIA.

En una reunión familiar se congregaron:

Un abuelo y una abuela, dos padres y dos madres, cuatro hijos, tres nietos, un hermano, dos hermanas, dos hijos varones, dos hijas mujeres, un suegro, una suegra y una nuera.

Sumando todos los familiares, contamos veintitrés personas.

La solución son siete personas las que fueron a aquella reunión familiar.

¿Cómo es posible?

## 14.- LA DISTANCIA.

Una persona sube una pendiente a una velocidad de una milla y media por hora y baja a una velocidad de cuatro millas y media por hora. Tarda en realizar el recorrido seis horas.

¿Cuál es la distancia entre el pie y la cima de la pendiente?

## 15.- LA IDENTIFICACIÓN DEL BARBUDO

¿Cómo se llama el chico de la barba?-dijo Laura-. Ella se había cruzado con tres chicos y uno llevaba barba.

Veamos- contestó Manuel-.Dos de ellos están casados, dos tienen ojos azules. El único de los tres que tiene barba tiene ojos marrones. La mujer de Daniel es la hermana de Camilo, y el soltero tiene el mismo color de ojos que Javier.

¿Quién es el barbudo?

## 16.- ¿QUIÉN ROMPIÓ LA VENTANA?

Cuatro chicos estaban junto a la ventana rota. Un quinto chico, Antonio, preguntó:

¿Quién ha roto la ventana?

- Yo no fui –dijo Enrique-. Fue Manuel.

- No, Manuel no fue –dijo Carlos-. Fue Enrique.

- Yo no lo hice. Tampoco lo hizo Laura –declaró Manuel.

Ana no abrió la boca.

De hecho, cada uno de los varones había dicho una verdad y una mentira. Uno de los cuatro fue el culpable. ¿Quién?

## 17.- LAS DOS PAREJAS.

En una conversación entre dos mujeres se comenta:

Tomás se casó con Juana, y Andrés con María -dijo una de las dos mujeres.

La otra discrepó del emparejamiento y dijo: Tomás se casó con Laura y Andrés con Juana.

Las dos mujeres llevaban razón.

¿Quién se casó con quién?

## 18.- LAS DIRECCIONES DE DOS AMIGOS.

Un amigo le dice a otro:

Nuestro compañero Jorge vive en el número 45 y Julián en el 53.

El otro amigo contesta: no es cierto. Julián vive en el número 45 y Jorge en el 53.

Cada uno de los amigos acertó con un número y erró con el otro.

¿Cuáles eran los respectivos números?

## 19.- LOS ALUMNOS DE UN CENTRO ESCOLAR

En un centro de primaria hay 348 alumnos en total.

Por debajo del quinto curso hay 231, y 165 por debajo del tercer curso.

¿Cuántos alumnos hay en el cuarto curso?

## 20.- LOS ESCALONES DE LA ESCALERA.

El ejercicio planteado consiste en averiguar cuantos escalones tiene la escalera en cuestión, conocidos los siguientes datos:

Un señor fue subiendo en pasos de tres escalones hasta el rellano superior, y luego bajaba dos, es decir: subía tres y bajaba dos; por lo tanto ascendía con las dos operaciones un escalón. En total hizo treinta y nueve escalones hacia arriba hasta alcanzar el rellano.

¿Cuántos escalones tiene la escalera?


## 21.- EL MENSAJE A LA ABUELA.

Un hijo le mandó el siguiente mensaje a su madre:

TIENE

+<u>NIETO</u>

ABUELA

Reemplazando cada letra por una cifra, se llega a la suma correcta.

Hay que tener en cuenta que letras distintas corresponden a cifras distintas, y donde una letra se repite deberá repetirse la cifra correspondiente.


## 22.- BESOS MÁS BESOS.

Una estudiante de matemáticas recibió un regalo y el siguiente mensaje:

BESOS + BESOS = PASIÓN

Espero que este 894765 te guste. Un admirador.

La estudiante se puso enseguida a reemplazar en la suma cada letra por una cifra diferente, para llegar a una correcta operación matemática y saber así a cuánto ascendía la pasión de ese admirador.

¿Qué regalo llegó con el mensaje?

## 23.- LA CONDENA DEL JUEZ.

Un joven fue condenado por un Juez a vaciar cada día en la playa una cantidad de bolsas de arena. Día tras día, hasta terminar de vaciarlas todas, con la siguiente condición: cada día después del primero, el joven, debería vaciar el doble cantidad de bolsas de las que ya hubo vaciado. Por ejemplo, si vació 5 bolsas el primer día, deberá vaciar 10 el segundo y 20 el tercero. etc.

El condenado a los 7 días ya había vaciado un tercio del total de las bolsas.

¿Cuántos días tardó en cumplir la condena?


## 24.- ANA Y SU CÓDIGO.

Ana es una joven que estaba haciendo los deberes del Instituto y planteó una suma muy especial.

$$4781 + 4148 = 7818$$

Como podemos ver, la suma no está bien realizada.

Ana dijo que la suma estaba bien, pero que la había hecho con un código.

¿Cuál es la suma correcta?

Hay que tener en cuenta que cada cifra debe ser reemplazada por otra distinta, y la que se repite debe ser reemplazada siempre por una misma cifra.


## 25.- LOS TRES APELLIDOS.

El ejercicio consiste en unir los apellidos de tres personas con sus profesiones, que curiosamente no estén vinculados entre sí.

Los apellidos son Gallo, Casas y Leyes y las profesiones, granjero, abogado y arquitecto.

El señor Casas está casado con la hermana del granjero.

¿Cómo se llama el arquitecto?

## 26.- EL SIGNIFICADO DE LOS 6 CÍRCULOS

El ejercicio se plantea a modo de jeroglífico con seis ceros o círculos que está dispuestos de la siguiente forma: los cuatro primeros de la misma superficie, un quinto más pequeño y el sexto de la misma superficie de los cuatro primeros.

Para su resolución hay que admitir que: cero = 0 = nada = redondel = aro.

La pregunta a resolver es la siguiente: ¿A dónde irás a nadar?

## 27.-EL CUADRADO DE LETRAS.

Se dispone de un cuadrado formado de letras en el que las cuatro aristas se puede leer la palabra SATOR. Las letras en el interior no están regidas por ninguna norma específica.

```
S  A  T  O  R
A  R  E  P  O
T  E  N  E  T
O  P  E  R  A
R  O  T  A  S
```

El ejercicio consiste en buscar las palabras "Pater noster" de una forma determinada.

## 28.- LOS LADOS DEL CÍRCULO.

El ejercicio consiste en averiguar los lados que tiene un círculo.

La respuesta está en la parte de las soluciones.

## 29.- EL PERRO Y LA IGLESIA.

La solución a este ejercicio puede tener varios resultados lógicos interpretados por el lector, pero en este tipo de pruebas, el ingenio debe prevalecer para dar un resultado principal más lógico que otros.

La pregunta es la siguiente:

¿Por qué entran los perros a las iglesias?

## 30.- LA LECTURA DE LOS CEROS.

El ejercicio consiste en escribir un número con un determinado número de ceros, y que el lector pueda leerlo, y expresarlo de forma abreviada.

El número en cuestión es:

23.000.000.000.000.000.000.000.000.000.000.000.000.000.000.000.000.
000.000.000.000.000.000.000.000.000.000.

## 31.- LA PUERTA ABIERTA.

Existe una gran variedad de puertas físicas que se abren y se cierran por diferentes mecanismos. Otras no físicas se abren o se cierran con el amor. Si nos referimos a estas últimas.

¿Cuál es la puerta que nunca se nos cierra?

## 32.- EL MATRIMONIO.

En este ejercicio planteamos la relación que puede existir entre el matrimonio y las operaciones matemáticas de la suma, la resta, la multiplicación y la división.

Evidentemente hay matrimonios o parejas, en la que no exista la relación anterior, llegando a él y perdurando en el tiempo sin ningún desequilibrio.

### 33.- LA SOCIEDAD MÁS PEQUEÑA.

Existe una amplia gama de sociedades con cantidades muy diversas de personas. Igualmente hay también sociedades más pequeñas que desempeñan otras funciones con muy buenos resultados.

La pregunta de este ejercicio es la siguiente:

¿Cuál es la sociedad cuyo número sea impar y menor de tres?

### 34.- JEROGLÍFICO DE LA CAMISA.

El jeroglífico consiste en responder la siguiente pregunta observando la palabra:

## UNA

¿Qué camisa llevabas el domingo?

### 35.- LOS NÚMEROS ROMANOS

Con la siguiente operación de números romanos falsa, se pretende conseguir una operación correcta.

XI + I = X

¿Qué cambio hay que realizar?

### 36.- PALABRAS COMPLETADAS CON NÚMEROS.

El ejercicio consiste en darle significado a las siguientes palabras cambiando el número por una ó más letras. Los números empleados son del 1 al 9.

DESAY1

PECA2

ES3

6MO

BIZC8

RE9


El resultado está en la parte de las soluciones.


### 37.- LOS NÚMEROS Y LAS LETRAS.

La propuesta de este ejercicio es doble:

-Si se ordenaran los números del 1 al 100 alfabéticamente, ¿Cuál sería el último?

-¿Qué número del 1 al 20 se escribe con la mitad de las letras de su valor?


### 38.- EL NOMBRE DE VARÓN.

El jeroglífico se plantea de siguiente forma.

## K 1000 o

La pregunta es: ¿Cuál es el nombre oculto?


### 39.- LOS CUADRADOS DE NÚMEROS

El ejercicio consiste en plantear dos cuadrados de 16 números cada uno.

| 96 | 64 | 37 | 45 |
|----|----|----|----|
| 39 | 43 | 98 | 62 |
| 84 | 76 | 25 | 57 |
| 23 | 59 | 82 | 78 |

| 69 | 46 | 73 | 54 |
|----|----|----|----|
| 93 | 34 | 89 | 26 |
| 48 | 67 | 52 | 75 |
| 32 | 95 | 28 | 87 |

La pregunta es: ¿Qué tienen en común los dos cuadrados?

**40.- LAS EDADES DE LA OFICINA TÉCNICA.**

En una oficina técnica trabaja un arquitecto, una secretaria y un ayudante.

El arquitecto tiene el triple de años que el ayudante y el doble que la secretaria.

La suma de las edades de los tres es 99.

¿Cuántos años tienen cada uno?


**41.- EL CUATRO, EL SEIS Y EL DOS.**

No me equivoco cuando digo que seis son cuatro y cuatro son seis.

Como también es cierto que dos más dos son seis.

¿Cómo se resuelven las dos frases numéricas?


**42.- LA CIFRA QUE FALTA.**

Dado el rectángulo de cifras:

| 5 | 6 | 12 | 10 | 11 |
|---|---|----|----|----|
| 3 | 13 | 7 | 15 | 16 |
| 4 | 8 | 2 | 14 | 4 |
| 1 | 9 | 13 | 0 | ¿? |

Hay una secuencia lógica en todas las filas.

¿Cuál es el número que falta en la última fila?

**43.- EL CUADRADO DE CERILLAS.**

El ejercicio se realiza con 24 cerillas, que se sitúa formando nueve cuadrados iguales.

Eliminando 4 cerillas se deben quedar 5 cuadrados.

¿Cómo se puede realizar?

**44.- EL RELOJ.**

El ejercicio consiste en dividir la esfera de un reloj en seis partes, de la forma que se desee, pero con la condición de que en cada parte, la suma de los números del reloj sea la misma.

**45.- CINCO VECES EL NÚMERO CIEN.**

Dada la tabla siguiente:

$$100 = 2\ 2\ 2\ 2\ 2\ 2$$
$$100 = 3\ 3\ 3\ 3\ 3\ 3$$
$$100 = 1\ 1\ 1\ 1\ 1$$
$$100 = 9\ 9\ 9\ 9$$
$$100 = 5\ 5\ 5\ 5$$

Con seis 2, seis 3, cinco 1, cuatro 9 y cuatro 5.

¿Qué operación hay que realizar para que el resultado en cada caso fuera 100?

**46.- LARGAS LETRAS.**

Con estas tres largas palabras.

**NACIONALISTA**

**APARCAMIENTO**

**ENÉRGICAMENTE**

El ejercicio consiste en buscar otras tres palabras utilizando las mismas letras.

### 47.- CORTESÍAS EN UNA ESCUELA MIXTA.

En una escuela mixta había el doble de niñas que de niños y tenían por norma diariamente    inclinar la cabeza como saludo por la mañana. Cada niña inclinaba la cabeza ante cada niña, ante cada niño y ante el profesor. En total se hacía 900 inclinaciones cada mañana.

¿Cuántos alumnos varones había en aquella escuela?

### 48.- EL NÚMERO DE CUATRO CIFRAS RASGADO POR LA MITAD.

Una etiqueta tenía marcado el numero 3.025. La etiqueta estaba rasgada por la mitad de tal manera que en una parte estaba el 30 y en la otra quedaba el 25.

Se plantea al lector el siguiente cálculo: si sumamos 30 más 25 y elevamos la suma al cuadrado obtenemos como resultado el número completo original de la etiqueta.

El ejercicio consiste en buscar otro número compuesto por cuatro cifras, todas diferentes, que se puedan dividir por la mitad y produzca el mismo resultado.

## 49.- EL DÍA TRECE VIERNES.

El ejercicio consiste en buscar en el calendario el último año que no tuvo "viernes trece"

## 50.- CADA NÚMERO EN SU CONJUNTO.

Como colocar dos número dentro de dos conjuntos.

El conjunto A contiene los números enteros 0, 3, 4, 6, 10, 11, 12, 15, 17, 18, 19....;

El conjunto B contiene los números 1, 2,5, 7, 8, 9, 13, 14, 16.....

¿En qué lugar se pueden colocar los números 20 y 21?

## 51.- EL MENSAJE EN EL RÓTULO.

En la puerta de un horno donde se cocía el pan diariamente había un mensaje numérico que decía lo siguiente:

| | |
|---|---|
| 1001 | 41 |
| 1002 | 40  + |
| 30 | 30 |

Después de muchos intentos por descubrir el significado del mensaje numérico, lo pudo descifrar una persona de origen oriental.

¿Cuál crees que puede ser la traducción del personaje oriental?

## 52.- TRES FILAS Y TRES COLUMNAS.

El ejercicio consiste en situar tres filas y tres columnas con los nueve primeros dígitos, sin tener que repetir ninguno, ni en filas ni en columnas, pero con la condición de que la fila central sea el doble de la primera y la tercera se consiga con el tripe de la primera.

Un ejemplo puede ser el siguiente:

| 1 | 9 | 2 |
|---|---|---|
| 3 | 8 | 4 |
| 5 | 7 | 6 |

¿Cómo se puede conseguir con otro juego de cifras?

## 53.- LAS DOS CIFRAS MULTIPLICADAS.

Si multiplicamos 15 por 93 se producen exactamente las misma cifras (1.395), en distinto orden.

¿Qué números de dos cifras cumplen con esta condición?

## 54.- LA ESPECIAL MULTIPLICACIÓN.

Si multiplicamos 51.249.876 por tres, obtenemos 153.749.628, (se han utilizado los 9 dígitos de una vez en la multiplicación y en el resultado).

Igualmente si multiplicamos 16.583.742 por 9 el resultado es 149.253.678, (también observamos que hemos utilizado los nueve dígitos).

Se plantea en el ejercicio tomar el 6 como factor multiplicador y buscar los ocho dígitos restantes de tal manera que el producto de la multiplicación contenga los nueve dígitos una y sólo una vez.

## 55.- CIEN CON CATRO NUEVES.

Se plantea al lector, si es posible escribir el número 100 utilizando cuatro nueves.

¿Cómo crees que se puede realizar?

## 56.- LAS CASILLAS DE LAS PERDICES.

En una granja había 100 perdices.

¿Cuál es el mayor número de casillas que pueden ocupar las cien perdices, si todas las casillas se encuentran ocupadas, pero no hay dos con igual cantidad de perdices?

## 57.- EL TORNEO DE JUEGO DE DAMAS.

En una ciudad se realizaba anualmente un torneo de juego de damas.

Trescientos jugadores participaban en dicho torneo que se jugaba individual y por eliminación simple.

¿Cuántos partidas se jugaran en total?

## 58.-LOS DOS RELOJES.

Un señor tenía dos relojes, uno rojo y otro azul. El rojo se atrasaba dos minutos por hora y el azul se adelantaba un minuto por hora.

A una hora determinada puso los dos relojes a la misma hora y pasado un tiempo comprobó que el reloj azul marcaba las siete en punto, mientras que en el rojo eran las seis en punto.

¿A qué hora los había puesto en marcha?

## 59.-LOS TRES JÓVENES EN LA CAFETERIA.

Había tres jóvenes en una cafetería que respondían a los nombres de Santiago, Timoteo y Raúl. Uno era vendedor, otro era contable y otro era artista. Uno tomaba un vaso de leche, otro bebía café y otro tomaba té.

El vendedor estaba sentado junto a Santiago. El vecino de Timoteo tomaba un té. El artista estaba sentado junto al que tomaba leche. El contable no bebía café. Santiago no tomaba leche.

Después de un rato de tertulia el artista le ofreció un cigarrillo a Raúl e insistió en pagar él la cuenta de los tres. La pregunta es la siguiente:

¿Cuál es el nombre del que ocupaba el asiento del medio, su profesión y, qué es lo que había estado bebiendo?

## 60.-LOS DÍGITOS DEL DADO.

En este ejercicio se quieren marcar los seis dígitos de un dado pero con la única condición de que el 1 y el 6, el 2 y el 5, y el 3 y el 4, estén en lados opuestos.

¿De cuántas maneras diferentes se pueden marcar los números en el dado?

# CAPITULO III

# EJERCICIOS MATEMÁTICOS

El lector tiene en este apartado 50 ejercicios de situaciones problemáticas.

Los ejercicios vienen   presentados en forma de relatos breves, en conversaciones entre amigos o entre padres e hijos y se plantea en cada uno de ellos un interrogante.

Al igual que en los capítulos anteriores, el objetivos es que el lector  a través de sus habilidades pueda llegar a conseguir los resultados de todos los ejercicios expuestos.

En la mayoría de los casos los problemas se realizan con cálculos sencillos de las reglas aritméticas aplicadas en los primeros años de la Educación Secundaria  Obligatoria.

## 1.- LOS CÍRCULOS ESCOLARES.

En un instituto de bachillerato había cinco círculos: de deporte, de literatura, de fotografía, de ajedrez y de canto. El deporte funciona un día sí y otro no; el de literatura, una vez cada tres días; el de fotografía una cada cuatro; el de ajedrez, una cada cinco, y el de canto una cada seis. El primero de enero se reunieron en la escuela todos los círculos, y luego lo fueron haciendo en los días asignados, sin perder ninguno. Se trata de resolver cuántas tardes más, en el primer trimestre,   (90 días) se reunieron los cinco círculos a la vez, y cuántas tardes de ese mismo trimestre no se celebró en el instituto ninguna reunión de círculo.

## 2.- EL TRUCO DE NÚMEROS.

-Se escribe en un papel un número de tres cifras, sin que se vea. El número puede tener ceros.

-A continuación de ese mismo número, se escribe otra vez y se obtendrá una cantidad de seis cifras.

-Después se dividen las seis cifras por 7, y el resultado obtenido se vuelve a dividir por 11, y éste último resultado por 13. Siempre va saliendo divisiones exactas.

¿Cuál es el número?

### 3.- LA HORA DEL RELOJ.

El ejercicio se plantea en una hora de la tarde en el trabajo.

María le preguntó a Juan:

¿Qué hora es?

¿Otra vez sin reloj?, contestó Juan-. Falta el doble de minutos para las cinco de los que pasaron desde las tres en punto.

¿Qué hora es?

### 4.-EL REPARTO DE SELLOS.

El abuelo Miguel llevaba 65 sellos y los quería repartir.

-Muchas gracias-dijo Carmen-. ¿La mitad para cada uno?

-No- replicó el abuelo Miguel-, prefiero que sea así: como tú eres la mayor, dividdlos en una proporción de un medio para tí y un tercio para Joaquín.

¿Cuántos sellos le corresponden a cada uno?

### 5.- LOS VOLUNTARIOS

-Hace tiempo que no te veía –dijo Sara-. ¿Sigues siendo voluntaria en ese Centro Comunitario?

-No, sólo estuvo abierto unas pocas semanas, 28 días para ser exactos, y no muy intensos -respondió Silvia-. Cada día había tres de nosotros en actividad, y al final cada uno sólo trabajó seis días.

¿Cuántos voluntarios participaron?

## 6.- LAS MANZANAS EN LA FIESTA INFANTIL.

En una fiesta infantil había un número de invitados contando niños y niñas. Se pensó comprar dos manzanas por cada invitado, pero un cuarto de los invitados no asistió a la fiesta. Vinieron 16 niños, y las manzanas excedentes proporcionaron una manzana extra para cada niña.

¿Cuántas manzanas se compraron?

## 7.- LA FOTOGRAFÍA DE FAMILIA.

Sandra contemplaba una vieja fotografía.

Decía que tenía el doble de hermanos que de hermanas, y añadió que su hermano Alberto tenía igual cantidad de hermanos que de hermanas.

¿Cómo sale esa cuenta?

## 8.- LA GRANJA DE CERDOS Y GANSOS.

En una granja de cerdos y gansos había 40 cabezas y 88 patas.

¿Cuántos cerdos y gansos había en la granja?

## 9.- LA HORA DEL RELOJ.

Un relojero comprueba la hora en un reloj de pulsera y otro de pared y observa en ambos relojes que la aguja horaria está justo en una marca de minutos y el minutero está justo una marca antes.

¿Qué hora marcan los relojes?

## 10.- EL TORNEO DE AJEDREZ.

Dos hermanos, Carlos y Enrique, juegan un torneo de ajedrez. Ambos juegan la misma cantidad de partidas. Carlos ha ganado dos tercios de las partidas jugadas y Enrique sólo ha perdido una partida de las jugadas. No hubo tablas en ninguna partida, entre los dos han ganado tres cuartos de las partidas jugadas.

¿Cuántas partidas han jugado cada una?

## 11.- LOS NIETOS DE LA ABUELA LOLA.

La abuela Lola tenía 16 nietos.

Cuatro novenos de los varones eran muchachos ya mayores.

¿Cuántas niñas eran nietas de la abuela Lola?

## 12.- LA LECTURA DEL LIBRO.

Si a un cuarto de libro leído le sumas veinte páginas más, faltarán solamente un tercio de las páginas, para tener todo el libro leído.

¿Cuántas páginas tiene el libro en cuestión?

## 13.- LAS VACAS.

Cuatro vacas negras y tres marrones dan tanta leche en cinco días como tres vacas negras y cinco marrones en cuatro días.

¿Qué vacas dan más leche la negras o las marrones?

**14.- LA OPERACIÓN QUEMAR.**

Cada letra de la siguiente operación representa a un número diferente.

QUEMAR x 6 = MARQUE x 7

¿Qué número debemos "quemar"?


**15.- ANIMALES DE CUATRO PATAS.**

Un señor para dormirse contaba ovejas sumando las patas y dividiendo por cuatro. Como no lograba dormirse añadió gansos. Para contar los animales, sumaba las patas y dividía por 3,7.

¿Cuántos animales son? Se sabe que son menos de 40.


**16.- EL PRECIO DEL POLLO.**

En una carnicería el precio de la carne de pollo está a 1,6 euros el kilo.

Si un pollo, pesa las tres quintas partes de su propio peso más las tres quintas partes de un kilo.

¿Cuánto costaba ese pollo?


**17.- EL MOSTRUO DEL MAR.**

Un espanto, algo jamás visto
Fue pescado ayer por un chico listo.
El monstruo, enorme, robusto y feo
Tan solo de cabeza medía tres metros.
Era el cuerpo de esa gran cosa
El doble de la cabeza más media cola.
Sin ser renacuajo ni paramecio,
del largo total, la cola era un tercio.
Si ahora el chico listo fuera usted,
¿sabrías la extensión el extraño pez?

## 18.- LA EXCURSIÓN

En una excursión se hicieron 37 kilómetros de ida y otros tanto de vuelta. Los km de regreso son el doble que los km de la ida. En todo el trayecto solo había un kilómetro de terreno llano, tanto en la ida como en la vuelta. En las bajadas el promedio fue de 9 km por hora, de 5 km por hora en terreno llano, y tan sólo de 4 km por hora caminando cuesta arriba.

¿Cuánto tiempo se tardó en el regreso?

## 19.- LA EDAD DE MARÍA.

María le comentaba a su amiga Julia, ¿Qué edad crees que tengo?

Si a cada cifra le sumas uno, obtienes diecinueve más que la mitad de los años que tengo.

## 20.- EL PRECIO DE LAS CORBATAS.

Una señora tenía 100 Euros, compró tres corbatas y le sobraron 16 Euros. La verde le costó como la roja, más un tercio; y la roja le costó un tercio de lo que le costaron las otras dos juntas.

¿Cuáles eran los precios?

## 21.- EL NÚMERO DE TRES CIFRAS.

Soy un número de tres cifras.

Si mi 4 fuera un 9, y mi 6 fueran un 3,

Lo que ahora soy valdría uno menos que la mitad de lo que entonces sería.

¿Qué número soy?

## 22.- EL CUESTIONARIO.

El ejercicio consiste en rellenar dos cuestionarios con las respuestas si y no.

En el primer cuestionario hay 5 respuestas erróneas.

El segundo tiene la misma cantidad de preguntas y hubo un tercio de las respuestas erróneas.

Entre los dos cuestionarios hubo un 75 % de aciertos.

¿Cuántas preguntas contenían cada cuestionario?


## 23.- LA EDAD DE LA DAMA.

A una dama le preguntaron la edad y ella contestó: si intercambias los dígitos de lugar, obtienes la mitad de la edad que tenía diez años atrás.

¿Cuál es la edad de la dama?


## 24.- EL EJERCICIO DE MACHISMO.

En una clase había cuatro niñas por cada tres niños.

Si hubiera 7 niños más, la relación hubiese sido a la inversa.

¿Cuántas niñas hay?


## 25.- LOS PROFESORES Y LOS CABALLOS.

Entre los profesores de equitación y los caballos suman 40 patas más que cabezas. También se sabe que hay trece cabezas más que colas de caballo.

¿Cuántos caballos hay?


## 26.- EL CUADRADO Y EL PAR SE CONVIERTE EN CUBO.

Se le invita al lector a que piense detenidamente antes de dar la respuesta. Es un sencillo juego de palabras mezclado con cifras, que tienen como objetivo confundir.

¿Qué cuadrado sumándole dos se convierte en cubo?

## 27.- LA VELOCIDAD DE LA PLANTA.

En 6 meses una planta ha crecido 10 cm, ha pasado de 20 cm a 30 cm.

¿Cuál es la velocidad de crecimiento de esa planta en kilómetros hora?

## 28.- EL PESO DE LA PIEDRA.

El enunciado el ejercicio se puede comparar con un trabalenguas pero la solución se realiza mediante una ecuación muy sencilla.

Una piedra pesa 25 kilos y medio más que su propio peso.

¿Cuánto pesa la piedra?

## 29.- LA FELICITACIÓN DE CUMPLEAÑOS.

Al felicitar un hijo a un padre por su cumpleaños le preguntó qué cuantos años cumplía.

El padre le contestó: yo si sé los años que tu tienes hijo mío, cuando tú cumplas los que yo cumplo hoy, entre los dos sumaremos 150 años.

¿Cuál es la edad de cada uno?

## 30.- EL UNO.

Cómo se puede expresar la unidad, empleando al mismo tiempo las diez primeras cifras.

## 31.- EL UNO ES IGUAL DOS CIFRAS.

El ejercicio consiste en utilizar dos cifras para que el resultado sea igual a un número entero positivo.

## 32.- EL NÚMERO DIEZ CON CINCO NUEVES.

El ejercicio consiste en expresar el número diez utilizando cinco nueves.

Se pide al lector, que utilice dos procedimientos de los múltiples que hay para conseguirlo.

## 33.- LOS CINCO UNOS.

Utilizando 5 unos. ¿Cuál es el número mayor que se puede escribir?

## 34.- LOS NÚMEROS AL REVÉS.

Si un número entero de cuatro cifras, se divide por otro que sea el invertido del primero.

¿Cuál es el la razón entre ambos?

## 35.- LA PROBABILIDAD DE SACAR NÚMEROS IMPARES.

Los números 1 al 7 son sacados al azar de una bolsa, sin reponerlos una vez extraídos.

El ejercicio consiste en averiguar cual sería la probabilidad de que todos los números impares sean los primeros en salir.

## 36.- LA MATRICULA ASCENDENTE DE CUATRO COCHES.

En un estacionamiento de vehículos había 999 automóviles, con números de matrícula distintos, de tres dígitos.

El ejercicio consiste en averiguar: ¿Cuál será la probabilidad de que los primeros cuatro automóviles en dejar el estacionamiento tengan sus matrículas en orden ascendente?

**37.- LAS EDADES.**

Una señora dijo: Si la mitad de la mitad de mi edad fuera reemplazada por 28, y luego al resultado se le restara cuatro, llegaría a la edad que tendré de aquí a dieciocho años. Después añadió: cuando yo tenga cuarenta y seis años, mi hijo, tendrá el doble de años de los que tiene ahora.

¿Qué edad tiene el niño?

**38.- LAS MASCOTAS.**

El ejercicio consiste en averiguar los pollos y perros que hay en una casa con el siguiente planteamiento:

La cantidad total de patas es igual a cinco veces la cantidad de pollos y hay cincuenta y una patas más que el número de perros.

¿Cuántos perros hay en la casa?

**39.-REGLA PARA RECORDAR.**

Este ejercicio pone a prueba la memoria del lector, con el siguiente planteamiento.

Se trata de recordar un número formado por dos dígitos distintos, que es el resultado de sumar el cuadrado del dígito de las decenas más el doble del dígito de las unidades.

¿Cuál es el número que hay que recordar?

**40.- EL VOLUMEN DEL BALÓN.**

Se trata de calcular el volumen de un balón en centímetros cúbicos. Éste volumen es igual a siete veces la superficie medida en centímetros cuadrados.

¿Cuál es el diámetro?

## 41.- LA SERIE.

El planteamiento del problema consiste en que el lector pueda continuar la serie de números expuestos, a la vez que demuestre que es una serie.

1, 2, 5, 13, 34, 89.

## 42.- SÍMBOLOS MATEMÁTICOS.

Dados los símbolos matemáticos siguientes: - + : ( )

Y las siguientes cifras:

355   21   12   2   =   2004

66   25   468   114   =   2004

108   3   131   12   =   2004

123   9   13   69   =   2004

Sitúale el signo correspondiente para que el resultado sea 2004

## 43.- LAS OPERACIONES CON SUS SÍMBOLOS.

El ejercicio consiste en colocar los símbolos necesarios para que se cumplan las igualdades.

1   1   1 2   =   6

2   2   2   =   6

3   3   3   =   6

4   4   4   =   6

5   5   5   =   6

7   7   7   =   6

8   8   8   =   6

$$9 \quad 9 \quad 9 \quad = \quad 6$$

## 44.- EL CUADRADO MÁGICO DEL 15.

Dados los siguientes números 8, 1, 6, 3, 5, 7, 4, 9, 2.

Situarlos en filas y columnas de tres, formando un cuadrado de tres por tres y que sumadas cada fila, columna y diagonal se obtenga como resultado el número 15.

## 45.- LA COMPRA DE LAS DOS MÁQUINAS.

Un señor compró dos máquinas para un fin determinado y poco después descubrió que la compra de las dos máquinas no era útil para sus propósitos, por lo que decidió venderlas.

Cada máquina la vendió por 600 Euros, con lo cual sufrió una pérdida del 20 % por una de las máquinas y obtuvo una ganancia del 20 % por la otra.

¿Ganó o perdió dinero con la transacción? ¿Cuánto?

## 46.-EL REGALO DE LA MADRE E HIJA.

Una niña de 12 años le pide a su madre un regalo especial para su cumpleaños y la madre le propone, que ese regalo se lo hará cuando su edad sea tres veces la de su hija.

Ahora, la madre tiene cuarenta y cinco años.

¿Cuándo recibirá su regalo la joven?

## 47.- LOS POSTES PINTADOS.

Dos hombres se dispusieron a pintar los postes de una gran avenida en una ciudad.

El primero empezó a pintar en una acera y cuando llevaba tres postes pintados le dijo el segundo hombre que se cambiara de acera, de tal manera que el primero empezó a pintar en la acera opuesta llevando tres postes en la acera anterior. El segundo terminó su acera y se cruzó a la acera opuesta pintando 6 postes, con lo que el trabajo quedó terminado por los dos hombres.

En cada acera había una misma cantidad de postes, la pregunta es:

¿Qué hombre pintó más postes, y exactamente cuántos más?

## 48.- ERROR EN LA IMPRESIÓN.

Un impresor tenía que componer los símbolos: 5 elevado a 4 por 2 elevado a 3, que significa, que 625 x 8 es igual a 5 millares. Pero en lugar de imprimir 5 elevado a 4 por 2 elevado 3, imprimió 5 4 2 3, un número lógicamente distinto de 5000.

¿Cómo se pueden ubicar los 4 dígitos, según se escribe, de tal manera que el resultado sea el mismo, tanto si el impresor los sitúa bien, como si comete el mismo error.

## 48BIS.- LA CARA Y LA CRUZ DE LA MONEDA.

Enrique era un jugador empedernido y le dijo a un amigo: Te apuesto la mitad del dinero que tengo en mi bolsillo contra otra cantidad igual, arrojando al aire una moneda. Si salía cara ganaba Enrique, y si salía cruz perdía. Lanzó la moneda y perdió, entregando el dinero. Repitió la oferta una y otra vez, y en cada intento apostaba la mitad del dinero que le quedaba; cuando ganaba lo embolsaba en su bolsillo, y cuando perdía entregaba puntualmente la mitad de lo que tenía a su rival.

Se desconoce cuánto tiempo duró el juego y cuántas veces se lanzó la moneda, pero sí sabemos, que el número de veces que Enrique perdió fue exactamente equivalente al número de veces que ganó.

¿Ganó o perdió Enrique con esta apuesta?

## 49.-LAS COPAS DE AGUA Y VINO.

Un chico llenó hasta la mitad una copa de vino, después llenó hasta un tercio de su capacidad otra copa que era el doble de grande. A continuación completó cada copa con agua y vació el contenido de ambas en una jarra.

¿Qué parte de la mezcla es agua y qué parte es vino?

## 50.-LA HERENCIA DE MIEL

Un padre tenía tres hijos y quería que su herencia se repartiera en partes iguales entre los tres. Todos sus bienes fueron repartidos equitativamente entre los tres a excepción de unos barriles de miel.

Tenía 21 barriles, y puso como condición que cada hijo recibiera el mismo número de barriles y la misma cantidad de miel, sin hacer ningún trasvase de un barril a otro. Los barriles no estaban todos llenos. Siete estaban completos hasta la mitad, siete estaban vacíos y los otros siete totalmente llenos.

Cada hermano se negó a tomar más de cuatro barriles en el mismo "estado"

¿Cómo se pudo realizar la división correcta de la herencia?

# SEGUNDA PARTE
# SOLUCIONES

# TÉCNICOS Y GEOMÉTRICOS

# 1.-ENGRANAJE FORMADO POR DOS RUEDAS DENTADAS.

Por la relación de transmisión el resultado es 3 vueltas, pero podemos llevar al lector a pensar que el resultado es cuatro.

Para llevar al lector a la solución 4, se propone que sobre una hoja lisa de papel se sitúen dos monedas iguales, por ejemplo de 1 euro. Sujetando con la mano la moneda de abajo, se hace rodar por el borde la de arriba. Se observará que cuando la moneda de arriba haya recorrido media circunferencia de la de abajo y quede situada en su parte inferior, habrá dado la vuelta completa alrededor de su eje. Esto puede comprobarse fácilmente por la posición de la cifra de la moneda. Al dar la vuelta completa a la moneda fija, la móvil tiene tiempo de girar no una vez, sino dos veces.

# 2.- LOS DOS RECIPIENTES.

Los dos recipientes son dos cuerpos geométricos semejantes. Si el recipiente grande tiene una capacidad ocho veces mayor, todas sus dimensiones lineales tendrán el doble de longitud: será el doble de alto y el doble de ancho en ambas direcciones. Su superficie será 2 x 2 = 4 veces mayor, puesto que la relación entre las superficies de los cuerpos semejantes es idéntica a la de los cuadrados de sus dimensiones lineales. Si las paredes tienen el mismo espesor, el peso de los recipientes depende de las áreas de sus superficies respectivas. Por tanto: El recipiente grande es cuatro veces más pesado que el pequeño.

# 3.- EL CUADRADO

En un metro cuadrado hay un millón de milímetros cuadrados. Cada mil milímetros cuadrados, colocados uno junto al otro, constituyen un metro; mil millares formarán mil metros. Por tanto, la línea formada tendrá un kilómetro de longitud.

## 4.- LA SEMEJANZA DE FIGURAS GOMÉTRICAS.

Es un error contestar afirmativamente a las dos preguntas planteadas. En realidad, son semejantes únicamente los triángulos; los rectángulos exterior e interior, no son semejantes. Para que los triángulos sean semejantes es suficiente la igualdad de sus ángulos y, por supuesto que los lados de ambos triángulos, interior y exterior, sean paralelos; entonces las dos figuras serán semejantes.

Para que se cumpla la semejanza geométrica en otros polígonos no basta con la igualdad de los ángulos (o lo que es lo mismo, con el paralelismo de los lados); es necesario que los lados de ambos polígonos circunscritos sean, además, proporcionales. En el marco, para los rectángulos exterior e interior, esto se verifica sólo cuando son cuadrados (y en general, rombos). En todos los demás casos, los lados del rectángulo exterior no son proporcionales a los del interior, y por tanto, los rectángulos no son semejantes. La falta de semejanza se hace más notoria en los marcos anchos de forma rectangular.

## 5.- LA TORRE EIFFEL Y SU MODELO.

Si el modelo pesa 8.000.000 de veces menos que la torre y ambos está hechos del mismo metal, el volumen del modelo debe ser 8.000.000 menor que el de la torre. Como la relación de volúmenes de los cuerpos semejantes es igual a la que existe entre los cubos de sus alturas respectivas. Por consiguiente, el modelo debe ser 200 veces más pequeño que el natural, puesto que: 200 x 200 x 200 = 8.000.000.

La altura de la torre es de 300 metros. De donde se deduce que la altura del modelo es: 300 : 200 = 1 ½ metros.

## 6.- LOS TRES TIRADORES.

La probabilidad es 1 (certeza absoluta), ya que los tres puntos cualesquiera sobre la superficie de una esfera están siempre situados en algún mismo hemisferio.

## 7.- LAS RUEDAS DESGASTADAS.

El resultado del ejercicio es el siguiente: 45.000 kilómetros, momento en el que las cinco cubiertas ya habrían tenido 35.000 kilómetros de uso y de desgaste.

## 8.- EL TAMAÑO DE LOS COMPONENTES ELECTRÓNICOS.

La solución es: cada chips mide 0,005 mm.

El cuadrado debe tener por lados 200 x 200 = 40.000. Si el lado tiene un mm quiere decir que 200 chips miden en total 1 mm; es decir: en un mm hay 200:

1mm/200chips = 0,005 mm/chips. En metros sería: 0,005 x 0,001 = 0,000005 m.

## 9.-LA VELOCIDAD EN LA TIERRA.

La solución es doble: rotación a 1.666,66 km/h y traslación 947 millones de km.

Como la longitud de la tierra es 40000km.

40000km/24h = 1.666,66km/h

En la traslación, el sol va a 30 km/segundo. Se puede calcular la longitud de la órbita elíptica.

---

L = 30 x (1año) = 30 x (365 x 24 x 3600) = 946.080.000 km = 947 millones de km. aproximadamente.


## 10.- EL HIDRÓGENO Y EL SOL.

La solución es el 53 %.

1.166 x 10 elevado a 24 / 2.200 x 10 elevado a 24 = 1.166/2.200 = 0,53


## 11.- LA VIDA DEL SOL

La solución es: se estima que el sol mantendrá la vida en nuestro planeta tierra hasta dentro de unos sesenta mil millones de años.

La respuesta no es fácil ni segura. Los astrónomos calculan que el sol lleva radiando energía desde hace unos cuarenta mil millones de años y que continuara otros sesenta mil millones de años.


## 12.- EL BLOQUE DE HORMIGÓN Y EL DE JUGUETE.

La solución es: el bloque de juguete pesa 5.000 gramos / 125 = 40 gramos.

La respuesta de que el bloque de juguete pesa 1 kg, o sea, la quinta parte, es un error. El bloque no sólo es cinco veces más corto que el de verdad, sino que también es cinco veces más estrecho y más bajo; por lo tanto, su volumen y peso son 5 x 5 x 5 = 125 veces menores.


## 13.- LA TEMPERATURA DE UNA NOCHE FRÍA.

La solución es -15°C y 5°F.

Como el número en grados centígrados termina en cinco, suponemos que es $-5$ x ° C (con x impar). Esto corresponde a $(32 - 9x)$ ° F. Este número termina en cinco cuando x es 3, 13, 23, etc. Para x = 13 la temperatura sería –65° C; este número sería muy excesivo, por lo cual, la solución es x = 3.

## 14.- EL REMOLQUE.

Se necesita para resolver este problema unos principios básicos de geométrica y de transmisión.

De todos es conocido que el diámetro de las ruedas delanteras es menor que el de las traseras. En un mismo recorrido, el número de vueltas que da la rueda pequeña es siempre mayor. En la pequeña, la longitud de la circunferencia exterior es menor, por lo cual, cabe más veces en la longitud dada. Por tanto, en cualquier recorrido que haga el remolque, las ruedas delanteras darán más vueltas que las traseras, y naturalmente, a mayor numero de revoluciones, el desgaste del eje será más intenso.

## 15.- CALCULAR LA ALTURA DE UN EDIFICIO.

La solución es: la altura del edificio es de 70 metros.

Para averiguar por la fotografía la altura del edificio en su tamaño natural, hay que medir lo más exactamente posible, la altura del edificio y la longitud de su base en la foto. Supongamos que obtenemos: para la altura 95 mm, y para la longitud de la base 19 mm. Después se mide la longitud de la base del edificio directamente del natural. Supongamos que sea igual a 14 m.

Razonemos lo siguiente:

El edificio y su imagen en la fotografía poseen configuraciones geométricas semejantes. Por tanto, la proporción entre las dimensiones de la base y la altura, en ambos casos, será la misma. En la foto es de 95:19=5; de donde se deduce que la altura del edificio es cinco veces mayor que su base, es decir 14x5=70 m.

## 16.- EL TRIÁNGULO ISÓSCELES.

La solución es colocar cinco de los puntos en los vértices de un pentágono regular, el sexto en el centro del pentágono, y el séptimo encima del centro a una distancia igual al radio del pentágono.

## 17.- LAS TRES PATAS DE LA MESA.

Una mesa de tres patas siempre puede apoyarse correctamente  en el suelo con los tres extremos de sus patas, puesto que por los tres puntos situados en el espacio, puede pasar un plano y sólo uno. Éste es el motivo, de que una mesa con tres patas nunca se balancea.

El ejercicio es puramente geométrico y no físico.

## 18.-LOS TRIÁNGULOS.

La solución de este ejercicio es la siguiente:

¡A la distancia cero! Sin importar el ángulo o la longitud de los lados, si se traza una línea que conecte los dos puntos de intersección, será perpendicular al tercer lado. (Recordemos que el ángulo que se inscribe en un semicírculo es un ángulo recto.) Por lo tanto, el punto de intersección estará sobre el tercer lado.

## 19.- EL CÁLCULO DEL AGUA EN EL TONEL.

Para comprobar la altura del agua en el tonel, podemos averiguarlo de tres maneras diferentes:

Inclinando el tonel de tal manera que el agua llegue a la boca del mismo y descubra un punto del fondo. Se puede decir que  el tonel está lleno por la mitad.

Si en la inclinación llevamos el agua hasta el borde de la boca y no se descubre el fondo del tonel. Podemos afirmar que el tonel está más de medio.

Y por último, si cuando inclinemos el tonel llevando el agua nuevamente hasta la boca del mismo observamos parte del fondo del tonel. Podemos decir que el tonel está menos de medio.

## 20.- EL CRUCE DE TRENES.

La solución es que sólo 6 trenes llegan por hora a la ciudad.

Si los compañeros hubieran estado en un tren detenido, los trenes los hubieran cruzado cada 10 minutos. La ciudad es como un tren detenido, lo que da 6 trenes por hora.

## 21.- EL TENDIDO DE ALAMBRADO.

La solución es 12 metros.

En la alambrada $n$ postes dan lugar a $(n - 1)$ espacios entre postes, por tanto $n$ postes separados un metro y medio uno de otro abarcan un longitud de 1,5 $(n - 1)$ metros. El ejercicio dice, que igual longitud se logra teniendo 4 postes más, separados un metro uno de otro.

Se puede decir que: $1,5 (n - 1) = (n + 3)$. De donde $n = 9$.

## 22.- RECORRIDO POR EL ECUADOR.

La solución es 11 metros.

Si suponemos que la persona que va a realizar el recorrido por el ecuador mide 1,75 metros, y consideramos que el radio de la Tierra es R. Tendremos:

$2 \times 3,14 \times (R + 175) - 2 \times 3,14 \times R$; de donde $R = 1100$ cm $= 11$ metros.

El resultado no depende del radio del globo y, por tanto, es el mismo para el Sol que para una bolita.

## 23.- LA TONELADA DE UN MILLÓN

La solución es 90,4 toneladas.

Hay que multiplicar dos veces sucesivas por mil 90,4 g x 1000 = 90,4 kg y después, éste resultado por 1000, para hacerlo toneladas.

## 24.- LA PESADA DE TEJAS.

El constructor divide las tejas en tres grupos: de 3, de 3 y 2 tejas. Luego compara, colocando cada una en un platillo con los dos grupos de tres. Si son iguales, la teja más pesada está en el grupo de dos y será identificada en la próxima pesada. Si no son iguales, compara dos de las tejas pertenecientes al grupo más pesado. Si éstos son iguales, la tercera teja es la más pesada. Si no lo son, entonces la balanza indicará cuál es la más pesada.

## 25.-EL CARRO Y EL TREN.

La solución es:

Cuando el carro manual y el tren se encuentren, estarán, lógicamente a la misma distancia de Córdoba.

## 26.- LA DIGITAL ÚNICA.

La solución es:

Si X es mayor o igual que 22, X elevado a tres tendrá al menos cinco dígitos y X elevado a cuatro tendrá al menos 6, por lo que entre ambos tendrán 11. De igual manera, si X es menor o igual que 17, entre X elevado a tres y X elevado a cuatro tendrán a lo sumo 9 dígitos. Por tanto, X = 18, 19, 20, ó 21. Probando cada uno de los valores, encontramos que sólo 18 cumple con las condiciones:

18 elevado a tres = 5.832 y 18 elevado a cuatro = 104.976.

## 27.-¡ ATENCIÓN TÉCNICA A LA LECTURA!

La solución es:

Las faltas ortográficas en "errores" y "resolverlo" son por supuesto los dos primeros errores. El tercer error es simplemente que hay sólo dos errores en total.

## 28.- LA ALTURA DE LA PLANTA.

La solución es 198 días.

La altura aumenta cada día la mitad de su altura original. En 198 días, repitió su altura 99 veces y alcanzó por lo tanto una altura 100 veces mayor que la original.

## 29.- EL CABALLO Y LOS HOMBRES.

La solución es:

Si cada hombre recorre E km y después cabalga otros E km en el tiempo T: $E/4 + E/12 = T$, de donde $E = 3T$.

Como recorren 6T en T horas, avanzan a razón de 6 km/h. La velocidad del caballo es de 12 km/h; por lo tanto, descansa la mitad del tiempo.

## 30.- LOS TRABAJADORES DE LA CONSTRUCCIÓN.

La solución es 900 ladrillos.

Considerando N el número de ladrillos de la pared, N/9 será la cantidad de ladrillos que el primer trabajador coloca por hora y N/10 la cantidad de ladrillos que coloca el segundo trabajador.

N/9 + N/10 - 10 será la cantidad de ladrillos que colocan los dos trabajadores por hora trabajando juntos. Como tardaron 5 horas en levantar la pared los dos juntos, tenemos que:

N/((N/9) + N/10) - 10) = 5, de donde N = 900 ladrillos.


## 31.- LA CRUZ.

La solución se busca realizando en la cruz cinco cuadrados; de tal manera que en el centro de la cruz se realice el primero y los otros cuatro a la derecha e izquierda y en la parte superior e inferior.

Al cuadrado central se le trazan las diagonales y un eje vertical y otro horizontal, quedando dividido en ocho triángulos. A los cuatro cuadrados restantes se le trazan desde los vértices una línea al centro del lado opuesto, quedando divididos, en tres triángulos cada uno, y dando el resultado pedido en el planteamiento que fue de 20 triángulos.


## 32.- LA TIERRA CONSEGUIDA EN UN DÍA.

La solución es:

Un hombre puede caminar a una velocidad de 5 km/h durante 24 horas, por lo que recorrería 120 Km. Considerando que los 120 km fuesen la longitud de la circunferencia, su radio sería 19,11 km.

Conocido el radio, podemos averiguar el área del círculo, que nos da como solución 1.146,70 km2.


## 33.- LA VELOCIDAD DE LA SOMBRA.

La solución es: A la misma velocidad que la luz; es decir a trescientos mil kilómetros por segundo.


## 34.- LOS TABLEROS CUADRANGULARES.

La solución es que los lados de los tres cuadrados miden: 31, 41, 49 pulgadas respectivamente.

La diferencia común en superficie es exactamente 720 pulgadas.


## 35.- LOS SEIS ESPACIOS IGUALES.

La solución consiste en dibujar un hexágono regular con seis cerillas y las seis restantes colocarlas en los vértices del hexágono con dirección al centro del polígono regular, quedando éste dividido en seis porciones iguales.


## 36.- EL VUELO DEL AVIÓN.

La solución es:

El avión tarda el mismo tiempo en hacer el vuelo en ambas direcciones, puesto que 80 minutos son una hora y veinte minutos.

El problema va destinado exclusivamente a los lectores que no prestan la debida atención a lo que están leyendo.


## 37.- LA CONVERSIÓN DE DIEZ A UNO.

La solución es UNO.

Para ello se sitúa un palillo entre los dos primeros y se forma la U

Entre los dos siguientes palillos se intercala otro nuevo palillo y se forma la  N

A  los dos siguientes palillos se le unen dos nuevos, uno en la parte superior y otro en la inferior, formando la 0.


## 38.-TRES TRIÁNGULOS CON SEIS PALILLOS.

La solución se consigue formando una pirámide de base triangular.

Si colocamos los palillos sobre un plano horizontal es imposible conseguir tres triángulos con los seis palillos, por el contrario, si utilizamos la tercera dimensión espacial, conseguiremos el resultado solicitado.

### 39.- LA MONEDA HÚMEDA Y SECA.

La solución se consigue de la siguiente forma.

El procedimiento se realiza vertiendo el agua sobre el plato, quedando la moneda bañada en su totalidad. A continuación se sitúa el vaso invertido sobre el plato y dentro de él se coloca una cerilla clavada sobre el corcho.

Después, se le prende fuego a la cerilla que hay dentro del vaso, absorbiendo todo el oxígeno que contiene el vaso en su interior y arrastrando en el procedimiento el agua del plato que baña a la moneda dentro del vaso quedando la moneda limpia de agua, y el agua dentro del vaso.

### 40.- LA CUERDA DE COLGAR LA ROPA.

La solución es:

Multiplique entre sí, y también sume entre sí, las alturas de los dos postes, y divida el resultado por el otro. Si las dos alturas son (a) y (b), respectivamente, la fórmula es: ab/a+b. Dará la altura de la intersección.

En el ejercicio planteado la intersección se da a 2 pies y 11/12 de pie, es decir: a 2 pies y 11 pulgadas del suelo. No afecta la distancia entre postes.

# INGENIO, TRUCOS Y JEROGLÍFICOS

## 1.- EL NÚMERO CIEN.

El ejercicio se resuelve empleando: unos, treses y cincos:

$111 - 11 = 100$

$33 \times 3 + 3/3 = 100$

$(5 +5 +5 + 5) \times 5 = 100$   ó   $(5 \times 5 \times 5) - (5 \times 5) = 100$.

## 2.- LAS ARISTAS DE UN LÁPIZ.

Hay que tener en cuenta el uso impropio del juego de palabra. Un lápiz de seis aristas no tiene seis caras. Considerando que no está afilado, tiene ocho caras: seis laterales y dos frontales más pequeñas.

El lápiz en cuestión debería llamarse hexagonal o hexaédrico y no de seis caras.

## 3.- EL GIGANTE Y EL ENANO.

Por semejanza de figuras, al ser la estatura dos veces mayor, su volumen será no el doble, sino ocho veces mayor. El gigante del ejercicio es ocho veces más pesado que el enano. El gigante más alto conocido fue un habitante de Alsacia de 275 cm de altura. El enano más pequeño tenía una altura menor de 40 cm, o sea, era unas siete veces más bajo que el titán alsaciano. Por lo tanto, si en uno de los platillos de la balanza se coloca el gigante de Alsacia, en el otro será necesario, para conseguir el equilibrio, colocar $7 \times 7 \times 7 = 343$ enanos.

## 4.- LA PERSONA ADULTA, EL NIÑO Y EL FRIO.

Para resolver este ejercicio hay que saber que los objetos irradian el calor a través de su superficie.

El niño expuesto al frío, debe sentir más frío que la persona adulta, puesto que la cantidad de calor que se origina en cada cm3 del cuerpo es en ambos casi idéntica; sin embargo, la superficie del cuerpo que se enfría, correspondiente a un cm3, es mayor en el niño que en la persona adulta.

Esta es la explicación de que se enfríe con más intensidad los dedos de las manos y la nariz, y que se hielen con mayor frecuencia que otras partes del cuerpo, cuya superficie no es tan grande en comparación con su volumen.

## 5.- LA CADENA Y SUS ESLABONES.

Puede cumplirse el trabajo, abriendo sólo tres eslabones. Para ello es preciso soltar los tres eslabones de uno de los trozos y unir con ellos los extremos de los cuatro trozos restantes.

## 6.- LAS CESTAS DE HUEVOS DE GALLINAS Y DE PATO.

El vendedor se refería a la cesta con 29 huevos. En las cestas con los números 23, 12 y 5 había huevos de gallina; los de pato se hallaban en las cestas designadas con el 14 y el 6.

Realizando la comprobación, el total de huevos de gallina que quedaron:

$23 + 12 + 5 = 40$

De pato: $14 + 6 = 20$.

De gallina había el doble que de pato, lo que satisface las condiciones del problema.

## 7.- EL MENSAJE.

La solución es la siguiente:

¡Océ!    ¡Océ!

¡Vente por mí!    ¡Vente por mí!

¡Por mi muertos vente por mí!

Traducido al castellano sería:

¡José!        ¡José!

¡Ven a por mí!       ¡Ven a por mí!

¡Por mis muertos, ven a por mí!


## 8.- EL REGALO DE LOS PADRES A LOS HIJOS.

Para resolver este problema hay que considerar que uno de los padres es hijo del otro. En total no eran cuatro, sino tres personas: abuelo, hijo y nieto. El abuelo dio al hijo 150 euros y éste, de ese dinero, entregó al nieto (o sea, a su hijo) 100 euros, con lo cual los ahorros del hijo aumentaron, por consiguiente, sólo en 50 euros.


## 9.- LAS DOS FICHAS EN EL TABLERO DE LAS DAMAS.

La primera ficha puede colocarse en cualquiera de las 64 casillas posibles,  o sea, de 64 formas diferentes. Una vez colocada la primera, puede ponerse la segunda en cualquiera de las 63 casillas restantes. Por tanto, a cada una de las 64 posiciones de la  primera ficha hay que añadir las 63 posiciones de la segunda. En total, el número de posiciones distintas que pueden ocupar las dos fichas en el tablero será: 64 x 63 = 4.032.


## 10.- EL CANARIO Y EL COLORÍN.

La solución es:

Somos  =  X

Tantos como los que somos = X

La mitad de los que somos = X/2

La mitad de la mitad que somos = X/4

Colorín = 1

En Total.

X + X + X/2 + X/4 + 1 = 100; de donde X = 36

## 11.- EL NÚMERO EXACTO.

La solución es siempre el número de partida.

Partiendo del planteamiento del ejercicio: ((x + 7 + 10) x (1000 - 8) / 992) -17, observamos que como (1000 - 8) = 992, al multiplicar por 992 y dividir por 992, (x + 7 + 10) = (x + 17) no varía. Si a (x + 17) le restamos 17, queda x, que es el número de partida.

## 12.- LAS EDADES DE LA PAREJA.

La solución es:

La edad del marido es 54 años y la de la esposa 45 años.

## 13.- REUNIÓN DE FAMILIA.

La solución es que siete personas estuvieron en aquella reunión familiar.

Se demuestra con el siguiente planteamiento:

En la reunión se encontraban dos niñas y un niño, el padre y la madre de ambos, y el padre y la madre de estos últimos.

### 14.- LA DISTANCIA.

La solución es de 6 ¾ millas.

### 15.- LA IDENTIFICACIÓN DEL BARBUDO.

La solución es Daniel.

Dos son de ojos azules, y uno los tiene marrones. Javier y el soltero son los dos de ojos azules. El barbudo tiene ojos marrones, por lo tanto, es el otro de los casados.

### 16.- ¿QUIÉN ROMPIÓ LA VENTANA?

La solución es que Laura es la culpable.

Si Enrique fuera el culpable, sus dos declaraciones serían mentira. Por lo tanto, Enrique no es el culpable.

Si Carlos fuera culpable, las dos declaraciones de Manuel serían verdaderas. Por lo tanto, Carlos no es el culpable.

Si Manuel fuera culpable, las dos declaraciones de Carlos no serían ciertas. Por lo tanto, Manuel no es el culpable.

Nos queda solamente Laura como posible culpable, y esto da una situación sin contradicciones.

### 17.- LAS DOS PAREJAS.

La solución es: Tomás con Laura y Andrés con María

Si Andrés se hubiese casado Juana, la primera mujer habría errado por completo. Esto lleva a pensar la verdadera declaración de la segunda mujer que dijo que Tomás se había casado con Laura.

La primera mujer se equivocó en su primer dato, lo que hace verdadero el segundo, Andrés con María.

## 18.- LAS DIRECCIONES DE DOS AMIGOS.

La solución es: Jorge en el 45, Julián en 53.

Si el número de Julián fuera el 45 como dice uno de los amigos, ambos datos del otro amigo estarían errados. Por lo tanto, el acierto es del otro amigo cuando dice que Jorge vive en el 45.


## 19.- LOS ALUMNOS DE UN CENTRO ESCOLAR

La solución es 48.

Al sumar 231 más 165 estaremos contando dos veces a los alumnos de cuarto.

Para saber cuántos son los del cuarto basta entonces con hacer la siguiente cuenta: 348 - (231 + 165) = 48.


## 20.- LOS ESCALONES DE LA ESCALERA.

La solución es 15 escalones.

Por cada tres escalones que sube, asciende al final sólo uno. Después de subir 36, habría terminado en el escalón 12 = 36/3. Con tres más que sube llega al rellano. Son entonces, 12 + 3 = 15 escalones.


## 21.- EL MENSAJE A LA ABUELA.

La solución es: 83989 + 63962 = 147951. (el 8 y el 6 pueden intercambiarse.)

La cifra de la izquierda en el resultado sólo puede ser 1; o sea A = 1. En otra columna vemos que E + E termina en E, por lo que E = 0 ó 9. El cero se descarta porque en la columna derecha E + O (letra) termina en A. Por tanto: E = 9 y O = 2. Continuando así, se averiguan las restantes letras.

## 22.- BESOS MÁS BESOS.

La solución es un BONSÁI.

Al reemplazar letras por números, se descubren los valores P = 1, S = 7, N = 4, O = 9, I = 5. Quedan E, B, A con varias respuestas válidas. Pero solo una de ellas hace uso de la cifra 8 (que aparece en el nombre del regalo); por lo tanto, se elige esta solución: B = 8, E = 3, A = 6. Reemplazando cifras por letras da la respuesta buscada.

## 23.- LA CONDENA DEL JUEZ.

La solución es 8 días.

Sea 3x el total de bolsas a vaciar. Habiendo vaciado x bolsas hasta cierto día, al día siguiente deberá vaciar 2x, con lo que completa la tarea.

## 24.- ANA Y SU CÓDIGO.

La solución es 3670 + 3037 = 6707.

La suma con letras es: ABCD + ADAC = BCDC. Se ve que D = 0, que B = 2 A, que C + A = 10, que C = B + 1. De donde A = 3, etc.

## 25.- LOS TRES APELLIDOS.

La solución es que el arquitecto es el señor Gallo.

Nos dicen que el señor Casas no es granjero; como por su nombre no puede ser arquitecto, le queda ser abogado. El señor Gallo, por su nombre no puede ser granjero, y como el abogado ya está asignado, le queda ser arquitecto. El señor Leyes es el granjero.

## 26.- EL SIGNIFICADO DE LOS 6 CÍRCULOS.

La solución es: Nadaré donde la Rosarito nada.

El significado de cada círculo es el siguiente:

- El primer círculo es igual a NADA
- El segundo es igual a REDONDEL
- El tercero y el cuarto es igual a AROS
- El quinto que es más pequeño es igual a ARITO
- El sexto es igual a NADA.

Uniendo la frase da la solución.

## 27.- EL CUADRADO DE LETRAS.

La solución es una cruz con las palabras Pater Noster.

La N hace de unión entre la vertical y la horizontal de la cruz.

## 28.- LOS LADOS DEL CÍRCULO.

La solución es dos lados.

Hay que considerar que la línea que forma el círculo tiene dimensión, largo y ancho, por tanto, se puede decir que el círculo tiene el lado de dentro y el lado de fuera.

## 29.- EL PERRO Y LA IGLESIA.

La solución es porque la entrada está abierta.

Se puede dar más interpretaciones como: van acompañando a su dueño, huelen algo en su interior, etc.

## 30.- LA LECTURA DE LOS CEROS.

La solución es: 23 tredecillones, y puede expresarse como 2,3 x 10, lo que quiere decir que detrás 2,3 van 79 ceros.

**31.- LA PUERTA ABIERTA.**

La solución es  la de los padres.

Es la puerta que siempre está abierta de par en par, en cualquiera de las circunstancias que a ella lleguemos.

**32.- EL MATRIMONIO.**

El matrimonio es la suma de dos, que resta libertades, multiplica los problemas y divide las opiniones.

Estoy a favor del matrimonio y en desacuerdo con esta solución.

**33.- LA SOCIEDAD MÁS PEQUEÑA.**

La solución es UNO.

Esta sociedad es la más pequeña, con ella no se discute. No hay aplausos momentáneos por los triunfos ni discusiones por los fracasos.

**34.- JEROGLÍFICO DE LA CAMISA.**

La solución es  una camisa negra.

**35.- LOS NÚMEROS ROMANOS.**

La solución  se consigue dándole la vuelta a la operación:

XI + I  =  X

Es:  X  =  I + IX

**36.- PALABRAS COMPLETADAS CON NÚMERO.**

La solución es:

DESAYUNO

PECADOS

ESTRÉS

SEISMO

BIZCOCHO

RENUEVE

**37.- LOS NÚMEROS Y LAS LETRAS.**

La solución es  veintiuno y catorce.

**38.- EL NOMBRE DE VARÓN.**

La solución es: CAMILO.

**39.- LOS CUADRADOS DE NÚMEROS.**

La solución es:

Los números de cada cuadrado son los mismos pero invertidos, y las filas, columnas y diagonales de ambos suman el número capicúa 242.

**40.- LAS EDADES DE LA OFICINA TÉCNICA.**

La solución es:

El arquitecto tiene 54 años, la secretaria 27 años y el ayudante 18 años.

**41.- EL CUATRO, EL SEIS Y EL DOS.**

La solución es:

El número 6 tiene cuatro letras y el número 4 tiene seis letras

El número 2 tiene tres letras: 3 + 3 = 6.

## 42.- LA CIFRA QUE FALTA.

La solución es 3.

Para resolverlo se suman los dos primeros números de cada fila y se resta la suma de los dos segundos.

La quinta casilla es siempre el resultado de las operaciones.

## 43.- EL CUADRADO DE CERILLAS.

La solución se encuentra eliminando las 4 cerillas centrales exteriores del cuadrado De esta manera quedan cinco cuadrados iguales situados diagonalmente en el cuadrado.

## 44.- EL RELOJ.

La solución es que la suma de todas las cifras inscritas en la esfera del reloj es igual a 78, el número correspondiente a cada parte deberá ser: 78 : 6 = 13.

Se unen mediante arcos las parejas 12 y 1, 11 y 2, 10 y 3, 9 y 4, 8 y 5, y por último 7 y 6.

## 45.- CINCO VECES EL NÚMERO CIEN.

La solución es:

$$100 = (222 - 22) / 2$$
$$100 = (333 - 33) / 3$$
$$100 = 111 - 11$$
$$101 = 99 + 9/9$$

$$100 = (5 + 5) \times (5 + 5)$$

**46.- LARGAS LETRAS.**

La solución es:

## ALTISONANCIA
## METACARPIANO
## GENÉRICAMENTE

**47.- CORTESÍAS EN UNA ESCUELA MIXTA**

La solución es que había diez varones y veinte niñas.

Las reverencias entre niñas eran 380 y entre niños 90, de niña a niño 400, y de niños de ambos sexos ante el profesor era de 30, dando un total de 900. Nunca se mencionó que el profesor retribuyera las referencias de los alumnos.

**48.- EL NÚMERO DE CUATRO CIFRAS RASGADO POR LA MITAD.**

La solución es el número 9.801.

Si se realiza el cálculo planteado en la propuesta del ejercicio, comprobamos que este número satisface los requerimientos exigidos.

El número 2.025 tiene iguales características, pero no cumple los requisitos, ya que la cifra 2 se repite.

**49.- EL DÍA TRECE VIERNES.**

La solución es que todos los años tienen un viernes trece.

Si miramos el calendario vemos que los años bisiestos enero, febrero, marzo, mayo, junio, septiembre y octubre, empiezan en diferentes días de la semana. En los años no bisiestos, ocurre lo mismo enero, febrero, abril mayo, junio agosto y septiembre, también empiezan en diferentes días de la semana. De lo que se deduce que cada año tiene al menos un viernes trece.

## 50.- CADA NÚMERO EN SU CONJUNTO.

La solución es:

El número 20 corresponde al conjunto A y el 21 al conjunto B.

El conjunto A contiene los números con una cantidad par de letras en su expresión alfabética. El conjunto B contiene los números con cantidad impar de letras.

## 51.- EL MENSAJE EN EL RÓTULO

La solución la dio un chino con su especial lenguaje.

¡Mila uno!       ¡Se calenta uno!

¡Milan dos!      ¡Se calentan más!

¡Enta!           ¡Enta!


La traducción al castellano sería:

Mira uno        Se calienta uno

Miran dos       Se calientan más

Entra           Entra.


## 52.- TRES FILAS Y TRES COLUMNAS.

La solución es que en la fila superior debe contener uno de los cuatro números siguientes: 192, 219, 273, 327.

## 53.- LAS DOS CIFRAS MULTIPLICADAS.

Hay cuatro soluciones diferentes en este ejercicio, y son las siguientes:

| | | | | |
|---|---|---|---|---|
| 15 | x | 93 | = | 1.395 |
| 21 | x | 87 | = | 1.827 |
| 27 | x | 81 | = | 2.187 |
| 35 | x | 41 | = | 1.435 |

Se observa que los dos factores contienen exactamente los mismos dígitos que el producto.

## 54.- LA ESPECIAL MULTIPLICACIÓN.

Buscamos la solución multiplicando 32.547.891 por 6, dando el producto igual a 195.287.346. Los nueve dígitos son usados una sola vez.

## 55.- CIEN CON CATRO NUEVES

La solución es que el número 100 se puede obtener con cuatro nueves de la siguiente forma.

99 + 9/9 = 100

## 56.- LAS CASILLAS DE LAS PERDICES.

La solución es que 1+2+3+....+13 = 91, mientras que 1+2+3+....+14 = 105.

Para ambos extremos, para cualquier cantidad de perdices entre 91 y 104, la respuesta es trece.

## 57.- EL TORNEO DE JUEGO DE DAMAS.

La solución es que como solo hay un ganador, debe de haber 299 perdedores, lo que requiere 299 partidos.

## 58.-LOS DOS RELOJES.

La solución es a las 10,4 de la mañana.

La explicación es la siguiente: cada hora el reloj azul saca 3 minutos de ventaja sobre el rojo; una diferencia entre ambos de 60 minutos se produce tras el paso de 20 horas. En 20 horas, el azul habrá adelantado 20 minutos; o sea que indicando las siete, la hora real es las 6:40. Veinte horas antes eran las 10,40 de la mañana anterior.

## 59.- LOS TRES JÓVENES EN LA CAFETERIA.

La solución es Santiago, artista, bebía té.

La explicación es que Santiago y Timoteo no pueden ocupar ambos los extremos del grupo de tres, porque en el medio quedaría el vendedor bebiendo té, en cuyo caso el artista no podría estar junto al que toma leche. Si Timoteo en el medio, se llega a otra contradicción. En consecuencia, el del medio es Santiago, que bebía té (porque no hay otro junto a Timoteo), y era artista (porque nadie más tiene un vecino, bebiendo leche).

## 60.- LOS DÍGITOS DEL DADO.

La solución es que el 1 puede ser marcado en cualquiera de las seis caras. Por cada cara ocupada por un 1, tenemos 4 caras posibles para el 2. Por cada situación del dos, tenemos dos lugares para el 3. (Es innecesario considerar el 6, el 5 y el 4, dado que sus posiciones están determinadas por el 1, el 2 y el 3). De este modo, 6, 4 y 2, multiplicados entre sí, dan la respuesta correcta: el dado puede ser marcado de 48 maneras diferentes.

# EJERCICIOS MATEMÁTICOS

## 1.- LOS CIRCULOS ESCOLARES

Durante el primer trimestre son 24 los días que no funciona ningún círculo; 8 en enero: los días 2, 8, 12, 14, 18, 20, 24, 30. En febrero hay 7 días así, y en marzo, 9.

## 2.- EL TRUCO DE NÚMEROS.

El resultado es el número primero de tres cifras que se escribió. Lo que se ha hecho es multiplicar el número inicial por 1001 y dividir por 7x11x13 = 1001.

## 3.- LA HORA DEL RELOJ.

La solución es las 3 y 40 de la tarde.

Entre las tres y las 5 hay 120 minutos. Habiendo pasado x minutos desde las 3, nos dicen que faltan 2x para las cinco.

x + 2x = 120. De donde x = 40.

## 4.-EL REPARTO DE SELLOS.

La solución es 39 para Carmen, y 26 para Joaquín.

La relación ½ a 1/3 es igual a la relación 3 a 2. Equivale decir que 65 en 5 partes, Carmen debe quedarse con tres partes y Joaquín con dos.

## 5. LOS VOLUNTARIOS.

La solución es 14.

Veintiocho días con tres personas da un total de 84 "días-hombre". Dividiendo 84 por 6 es igual a los días que cada uno trabajó.

## 6.- LAS MANZANAS EN LA FIESTA INFANTIL.

La solución es 128.

La cantidad de niños invitados es 4 x; 8 x las manzanas compradas. Asistieron 3x, de los cuales: 16 varones, y niñas.

Es decir: $16 + y = 3x$.

A cada varón le tocaron 2 manzanas, a cada niña 3. Por lo tanto: $32 + 3y = 8x$.

Resolviendo $x = 16$.

## 7.- LA FOTOGRAFÍA DE FAMILIA.

La solución es tres mujeres y cuatro hombres.

Siendo $a$ mujeres y $b$ varones, Sandra tenía (a − 1) hermanas, $b$ hermanos.

La primera condición: $2(a - 1) = b$.

Alberto tenía $a$ hermanas, (b - 1) hermanos. Por la segunda condición: $b - 1 = a$.

## 8.- LA GRANJA DE CERDOS Y GANSOS.

La solución es 4 cerdos y 36 gansos.

Si llamamos x a los cerdos, y a los gansos dan (x + y) cabezas, (4 x + 25) patas. Entonces:

$x + y = 40$

$4x + 2y = 88$

Resolviendo nos da la solución

## 9.- LA HORA DEL RELOJ.

La solución es las 9 y 48 de la mañana.

El minutero avanza 12 veces más rápido que la aguja horaria. Por ejemplo para ir de las 12 en punto a la 1 en punto, el horario avanza 5 marcas y el minutero 60. Cuando son las $x$ horas $y$ minutos, el minutero está justo sobre la marca $y$, mientras que la aguja horaria está en la marca $(5x + y/12)$. La condición del ejercicio establece la siguiente ecuación:

$5x + y/12 = y + 1$. Es decir, $60x - 11y = 12$.

Siendo $x$ e $y$ enteros, $y$ debe ser múltiplo de 12; y podemos decir que $y = 12k$. Nuestra ecuación se transforma en : $5x = 11k + 1$. Siendo x menor que 12, resulta $k = 4$, lo que nos da la solución del ejercicio: $x = 9$, $y = 48$.

## 10.- EL TORNEO DE AJEDREZ.

La solución es 6.

Se supone que cada jugador jugó $3x$ partidas. Carlos ganó $2x$, mientras que Enrique ganó $(3x - 1)$. Entre ambos ganaron $(5x - 1)$, igual a tres cuartos del total de partidas $6x$. Se puede decir: $5x - 1 = 18x/4$. De donde: $x = 2$

## 11.- LOS NIETOS DE LA ABUELA LOLA.

La solución es 7 niñas.

En una conversación entre dos mujeres se comenta:

El número total de varones debe ser menor que 16 y al mismo tiempo divisible por nueve. Con este planteamiento, 9 son los varones y 7 las niñas.

## 12.- LA LECTURA DEL LIBRO.

La solución es 48 páginas.

En la propuesta se habla de cuartos y de tercios, nos conviene suponer que el libro tiene 12n páginas, para facilitar las operaciones. Según lo expuesto: 3n + 20 = 8n. De donde: n = 4.

### 13.- LAS VACAS.

La solución es las marrones.

Se puede plantear lo siguiente: $n$ representa el aporte diario de las negras y $m$ el de las marrones, (4n + 3m)5 = (3n + 5m)4. De donde resulta que 8n = 5m. Y esto indica que $m$ es mayor que $n$.

### 14.- LA OPERACIÓN QUEMAR.

La solución es 538461.

Haciendo x = QUE, y = MAR, la igualdad nos queda (1000x + y) 6 = (1000 y + x) 7. Es decir: 5993 x = 6994 y, simplificando, queda: 461x = 538 y, como los coeficientes son coprimos: x = 538, y = 641.

### 15.- ANIMALES DE CUATRO PATAS.

La solución son 20 animales (17 ovejas y 3 gansos).

Sean $x$ los gansos e $y$ las ovejas, entonces (2x + 4y) = 3,7(x + y).

Después de multiplicar por 10 ambos miembros y de simplificar: 3y = 17x. De donde: x = 3k, y = 17k, para distintos valores enteros de k.

### 16.- EL PRECIO DEL POLLO.

La solución es 2,4 Euros.

Según el ejercicio, 3/5 de kilo representa 2/5 del peso del pollo. Por tanto el pollo entero pesa 3/5 x 5/2 = 3/2 kilo. Su precio es 3/2 x 1,6.

## 17.- EL MOSTRUO DEL MAR

La solución es 18 metros.

Consideramos L el largo total del pez. La cola es L/3, la cabeza 3, el cuerpo (6 + L/6). De modo que: L = L/3 + 3 + (6 + L/6).

## 18.- LA EXCURSIÓN.

La solución es 8 horas y 56 minutos.

Todas las subidas en la ida son bajadas en la vuelta y viceversa. El camino andado es de 36 km de subida, 36 km de bajada más dos de terreno llano.

El tiempo total es de 36/9 + 36/4 + 2/5. Es decir 13 horas 24 minutos. Al ser la vuelta el doble que la ida, el tiempo será los dos tercios de 13 horas y 24 minutos; o sea, 8h 56′.

## 19.- LA EDAD DE MARÍA.

La solución es 16 años.

Sea *m* un número de dos cifras, la edad de María es:

m + 11 = m/2 + 19.

Resolviendo encontramos la edad de María.

## 20.- EL PRECIO DE LAS CORBATAS.

La solución es: 21 euro la roja, la verde 28, la tercera 35.

Si la roja cuesta x, las otras dos juntas costarán 3x. Como x + 3x = 84, tenemos x = 21.

La verde cuesta 21 + 21/3 = 28.

## 21.- EL NÚMERO DE TRES CIFRAS.

La solución es 468.

El nuevo número tiene un 9 y un 3.

Para que su mitad sea un número entero, la última cifra debe ser par, y la llamaremos x. Por lo tanto será 39x, ó bien 93x. El número original será, respectivamente, 64x, o bien 46x. Es imposible que sea el primer caso, porque la mitad de 39x, menos 1, no puede ser 64x. Probando con la segunda opción: la mitad de 938, menos 1, es 468.

## 22.- EL CUESTIONARIO.

La solución es 30.

Si cada cuestionario tiene 3n preguntas. Entonces será: $(3n - n) + 2n = 6n (75/100)$. De donde: $n = 10$.

## 23.- LA EDAD DE LA DAMA.

La solución es 62.

La edad actual $(10a + b)$. Con los dígitos invertidos: $(10b + a)$. Según lo expuesto: $10b + a = (10a + b - 10)/2$. Simplificando: $8^a - 19b = 10$. De donde: $a = 2 + 8k$. Con $k = 0$ tenemos una solución. La siguiente, con $k = 1$, nos da $b = 10$, que no es la idónea, pues debe ser $b$ menor que 10.

## 24.- EL EJERCICIO DE MACHISMO.

La solución es 12.

Sean 4x niñas, 3x niños. Con 7 niños más habría $(3x + 7)$ niños, y la relación sería: $(3x + 7)/4x = 4/3$. Resolviendo: $x = 3$.

## 25.- LOS PROFESORES Y LOS CABALLOS.

La solución es 9.

Suponiendo $x$ los caballos, e $y$ las personas. Habiendo 13 cabezas más que colas, tenemos: $x + y = x + 13$. De donde $y = 13$. Por la otra condición: $4x + 2y = x + y + 40$. Reemplazando $y$ por 13, nos queda: $x = 9$.

## 26.- EL CUADRADO Y EL PAR SE CONVIERTE EN CUBO.

La solución es: 5 al cuadrado más dos, es igual 3 al cubo.

Hay varios números que cumplen esta condición, posiblemente 5.

¡Búscalos!

## 27.- LA VELOCIDAD DE LA PLANTA.

La solución es: 0,0000000231481 km/h.

10cm/6meses $=$ 0,0001km/4320horas. Realizando la operación llegamos a la solución del ejercicio.

Si observamos el resultado vemos que es ridícula la velocidad de crecida de la planta, y realmente nunca se dice que las plantas crecen en km/h.

## 28- EL PESO DE LA PIEDRA

La solución es 50 kilos.

Este ejercicio se resuelve mediante la siguiente ecuación.

El peso de la piedra $= x$

Medio peso $= x/2$.

25 kilos $+$ (medio peso) $=$ (peso)

$25 + x/2 = x$

Resolviendo; $x = 50$.

## 29.- LA FELICITACIÓN DE CUMPLEAÑOS.

La solución es 30 y 60 años.

$2x + 3x = 150$

De donde $x = 30$.

## 30.-EL UNO.

La solución es:

Para representar la unidad utilizando sólo las diez primeras cifras, se puede hacer de la siguiente forma:

$148/296 + 35/70 = 1$

También aplicando el álgebra sabemos que cualquier número elevado a 0 es igual a 1.

## 31.-EL UNO ES IGUAL A DOS CIFRAS.

La solución no es el 10 sino el uno.

Sabiendo los mínimos conceptos de álgebra, llegaremos a la siguiente conclusión.

Cualquier número de una cifra elevado a 0 es igual a uno.

## 32.- EL NÚMERO DIEZ CON CINCO NUEVES.

La solución con dos procedimientos puede ser:

$9 \times 99/99 = 10$

$99/9 - 9/9 = 10$

### 33.-LOS CINCO UNOS.

La solución no es colocar los cinco unos de la forma que se le puede ocurrir al lector; 11.111, sino de ésta otra forma: 11 elevado a 111. Daría un número muy alto.

¿Cuál es?

### 34.- LOS NÚMEROS AL REVÉS.

La solución es un cuadrado.

Con los siguientes ejemplos comprobamos el resultado.

8712/2178 = 4     otro caso 9801/1089 = 9

### 35.- LA PROBABILIDAD DE SACAR NÚMEROS IMPARES.

La solución es:

La probabilidad es $4/7 \times 3/6 \times 2/5 \times ¼ = 1/35$. Hay que tener en cuenta que la probabilidad es igual a la de sacar primero todos los pares ($3/7 \times 2/6 \times 1/5 = 1/35$), ya que estos son elegidos por exclusión, quedando en la bolsa.

### 36.- LA MATRICULA ASCENDENTE DE CUATRO COCHES.

La solución es que hay una probabilidad entre 24.

El número 999, no es relevante. Hay $1 \times 2 \times 3 \times 4 = 24$ permutaciones posibles de 4 coches. En una de estas permutaciones las matrículas están ordenadas por orden creciente.

### 37.- LAS EDADES.

La solución es un año.

Si la edad es 4x. Queda: (3x + 28) - 4 = 4x + 18. De donde x = 6.

La señora tiene 24 años y dentro de 22 años tendrá 46 y su hijo 23.

## 38.- LAS MASCOTAS.

La solución es 9 perros y 12 pollos.

Sean x los pollos, e y los perros. Las ecuaciones son:

2X + 4Y = 5X

2X + 4Y = Y + 51

## 39.-REGLA PARA RECORDAR.

Para darle solución a éste ejercicio, consideramos que (10x + y) es el número buscado. En el planteamiento del enunciado se dice que: 10x + y = x2 + 2y.

Por lo tanto y = x (10 - x).

Al darse (y) menor de 10, quedan dos casos posibles:

a) x = 1, y = 9

b) x = 9, y = 9.

Como en el planteamiento se dice que (x) es distinto de (y), sólo puede ser el primer caso.

## 40.- EL VOLUMEN DEL BALÓN.

La solución es 42 cm.

Para resolver el ejercicio hay que conocer el volumen y el área de la esfera.

El volumen de la esfera es: cuatro tercios de *pi* por el radio al cubo.

El área de la esfera es: cuatro *pi* por el radio al cuadrado.

Igualando el volumen al área, con el planteamiento del problema, resulta un radio de 21 cm.

### 41.- LA SERIE.

La solución es la siguiente.

1 + 1

2 + 2 + 1

5 + 5 + 2 + 1

13 + 13 + 5 + 2 + 1

34 + 34 + 13 + 5 + 2 + 1

89 + 89 + 34 + 13 + 5 + 2 + 1

233 es el número que continua.

### 42.- SÍMBOLOS MATEMÁTICOS.

La solución es:

355 - 21 x 12 : 2 = 2004

66 x 25 + 468 - 114 = 2004

108 : 3 + 131 x 12 = 2004

123 x 9 + (13 x 69) = 2004

### 43.- LAS OPERACIONES CON SUS SÍMBOLOS.

La solución es la siguiente:

(1 + 1 + 1) x 2 = 6

2 + 2 + 2 = 6

3 x 3 - 3 = 6

La suma de tres raíces cuadradas de cuatro = 6

5 + (5/5) = 6

7 - (7/7) = 6

La suma de tres raíces cúbicas de ocho = 6

El producto de dos raíces cuadradas de nueve menos otra raíz cuadrada de nueve = 6.

## 44.- EL CUADRADO MÁGICO DEL 15.

La solución es:

La constante de este cuadrado es 15, obtenida al sumar los números de una misma fila, columna o diagonal.

| 8 | 1 | 6 |
|---|---|---|
| 3 | 5 | 7 |
| 4 | 9 | 2 |

## 45.- LA COMPRA DE LAS DOS MÁQUINAS.

La solución es que el hombre pagó 500 y 750 Euros por las dos máquinas, lo que suman un total de 1.250; pero como las vendió por sólo 1.200 Euros, perdió 50 Euros.

## 46.-EL REGALO DE LA MADRE E HIJA.

La solución es en cuatro años y medio; cuando la hija tenga dieciséis años y medio, y la madre tenga cuarenta y nueve años y medio.

**47.- LOS POSTES PINTADOS.**

La solución es que el segundo hombre pintó 6 postes más que el primero. No importa cuántos postes había. Si suponemos que había 12 postes en cada lado, el segundo pintó 15 y el primero 9. Si suponemos que había 100 en cada lado, el segundo pintó 103 y el primero 97.

**48.- EL ERROR EN LA IMPRESIÓN.**

La única solución posible a este ejercicio es que 2 elevado a 5 por 9 elevado 2 es igual a 2.592.

**48BIS.- LA CARA Y AL CRUZ DE LA MONEDA.**

La solución es que Enrique perdió dinero.

La explicación es que en dos lanzamientos, al perder una vez y ganar otra, se quedaría con tres cuartos de su dinero; en cuatro lanzamientos, con nueve dieciseisavos de su dinero; en seis lanzamientos, con veintisiete sesentaicuatroavos de su dinero; etc. El orden de los triunfos y las pérdidas no conllevan ninguna diferencia, dado que su número final es el mismo.

**49.- LAS COPAS DE AGUA Y VINO.**

La solución es que el vino de la copa pequeña constituía un sexto del líquido total presente en la jarra, y el vino de la copa grande, dos novenos del total. Si sumamos éstos entre sí y descubrimos que el vino era siete dieciochoavos del fluido total, quedando de agua once dieciochoavos.

**50.- HERENCIA DE MIEL.**

La solución es la siguiente:

|   | Lleno | Medio lleno | Vacío |
|---|-------|-------------|-------|
| A | 3 | 1 | 3 |
| B | 2 | 3 | 2 |
| C | 2 | 3 | 2 |

# BIBLIOGRAFÍA.

Henry E. Dudeney. *Los gatos del hechicero.* *(Diversiones matemáticas II).* Ediciones De Mente. 2007

Henry E. Dudeney. *El misterio del muelle.* *(Diversiones matemáticas III).* Ediciones De Mente. 2008.

Yakob Perelman. *Matemáticas recreativas.* Edición RBA coleccionables, S.A. 2007

Jaime Poniachik (Copiador). *Situaciones problemáticas..* Ediciones DeMente. 2009

Ángela Foxx Dunn.. *El abuelo listo.* Ediciones DeMente. 2008

Brian Bolt. *Actividades matemáticas.* Edición RBA Libros, S.A. 2008

Ignacio Soret. *Metemágicas.* Editorial Esic. 2003

Ángels Navarro y Tere Moral. *in?enio 3. Retos de agudeza mental.* El Aleph Editores. S.A. 2004.

www.ingramcontent.com/pod-product-compliance
Lightning Source LLC
Chambersburg PA
CBHW052122090426
42741CB00009B/1920